Peter Grosche

AF281896

Pubertät ist ein Arschloch

Für Eltern, Pubertierende und andere emotionale Risikogruppen

Dieses Buch widme ich meinem Sohn Salim

Mit Liebe, Trotz, Tränen, Toast – und ein paar zu laut geknallten Türen.
Du warst nicht das ganze Buch. Aber du warst der Anfang.
Manche Szenen hier gehören uns. Viele nicht.
Aber du hast mir gezeigt, wie sich Pubertät anfühlt – von beiden Seiten.

Danke, dass ich dich begleiten durfte.
Mit offenem Herzen. Und oft offenem Mund.
(Weil ich nicht glauben konnte, was du da wieder gesagt hast.)

Dieses Buch ist keine Nacherzählung,
sondern ein Spiegel aus vielen Erlebnissen –
unseren, meinen, anderen.
Geschrieben für alle, die gerade mittendrin stecken.

Du hast mich wachsen lassen.
Auch, wenn's manchmal wehgetan hat.
Dir. Und mir.

Ich hab dich lieb.

Dein Vater

Peter Grosche

Pubertät ist ein Arschloch

Für Eltern, Pubertierende und andere emotionale Risikogruppen

Wenn aus deinem Kind ein launischer Mitbewohner wird, der dich liebt, ignoriert und anbrüllt – manchmal alles gleichzeitig – bist du mittendrin: in der schönsten Katastrophe der Welt.

Dieser Ratgeber begleitet dich durch Stimmungsschwankungen, Türenknallen, Selbstzweifel, erste Liebe, Insta-Druck und das große Schweigen. Mit Humor, Herz und einer ordentlichen Portion Alltagsechtheit.

Für alle, die nicht mehr wissen, was richtig ist – aber trotzdem weitermachen. Weil Familie eben nicht perfekt sein muss.

Ein Buch für echte Familien, echte Gefühle – und das gute Gefühl: Du bist nicht allein. Du bist einfach mittendrin. Und das ist okay.

Hinweis:

Dieses Buch enthält Beobachtungen, Situationen und Dialoge, die sich so – oder so ähnlich – in vielen Familien mit pubertierenden Kindern abspielen könnten.
Alle Charaktere, Handlungen und Beispiele wurden frei formuliert, teils verfremdet, zusammengefasst oder zugespitzt – zur besseren Lesbarkeit, Verständlichkeit und ja, manchmal auch zur Beruhigung der elterlichen Nerven.

Ähnlichkeiten mit realen Personen, Familienmitgliedern oder pädagogischen Fachkräften sind rein zufällig. Oder sagen wir: statistisch nicht zu vermeiden.

Impressum

Text/Story:	© 2025 by: Peter Grosche
Umschlaggestaltung:	© 2025 by: Peter Grosche
Verlag:	BoD · Books on Demand GmbH, Überseering 33, 22297 Hamburg, bod@bod.de
Druck:	Libri Plureos GmbH Friedensallee 273, 22763 Hamburg
ISBN:	978-3-8192-6417-7

Die Deutsche Nationalbibliothek verzeichnet diese Publikation in der Deutschen Nationalbibliografie; detaillierte bibliografische Daten sind im Internet über http://dnb.dnb.de abrufbar.

Die automatisierte Analyse des Werkes, um daraus Informationen insbesondere über Muster, Trends und Korrelationen gemäß §44b UrhG ("Text und Data Mining") zu gewinnen, ist untersagt.

Inhaltsverzeichnis

Prolog: Kein Kaffee der Welt hilft gegen Pubetät　　7

Willkommen im Chaos　　9

Die Hormonbombe schlägt ein　　18

Von Love You zu F*** You in 3 Sekunden　　26

Der Körper mutiert　　34

Drama vorm Spiegel　　43

Schule, Druck und Versagensangst　　52

Digitale Drogen und TikTok-Tunnel　　61

Freunde, Cliquen, Außenseiter　　72

Erste Liebe, erster Herzschmerz　　82

Eltern nerven – fast immer　　92

Der tägliche Kampf um Grenzen　　100

Vertrauen, Kontrolle und elterliche Paranoia　　110

Sex, Pornos und peinliche Gespräche　　120

Psychische Gesundheit in der Pubertät　　131

Es wird besser. Irgendwann. Vielleicht.　　141

Das Eltern-Überlebenspaket für die Pubertät　　150

Epilog　　160

Nachwort des Autors　　163

Prolog: Kein Kaffee der Welt hilft gegen Pubertät

Weißt du noch, damals?
Als dein Kind dich mit großen Augen angeschaut und gesagt hat:

„Mama, du bist die Beste!"
Oder „Papa, du bist mein Held!"

Tja. Vorbei.

Heute sagt es: „Boah, nerv nicht."
Oder einfach gar nichts.
Oder es knallt die Tür so heftig zu, dass du kurz denkst, die Wand zieht mit aus.

Willkommen in der Pubertät.
Dem einzigen Lebensabschnitt, in dem Menschen gleichzeitig alles besser wissen, dich hassen, dich lieben, heulen, lachen, rumschreien – und das alles in einer einzigen verdammten Minute.

Und ja, dieses Buch hat wirklich den Titel: „Pubertät ist ein Arschloch"
Weil es stimmt.
Weil wir es alle denken.

Und weil irgendwann mal Schluss sein muss mit diesem Pädagogen-Gesülze à la *„Die Kinder brauchen nur mehr Raum zur Selbstentfaltung."*

Weißt du, was sie brauchen?
WLAN.
Und jemanden, der ihre Stimmungsschwankungen überlebt, ohne selbst einzuziehen in die Geschlossene.

Dieses Buch ist kein Ratgeber. Es ist eher eine Überlebenshilfe.
Für dich. Für dein Nervenkostüm.

Und für das bisschen Rest-Würde, dass du noch hast, nachdem du versucht hast, deinem Teenie ein „Wie war dein Tag?" zu entlocken und als Antwort nur ein „Hmpf" kam – gefolgt von Kopfhörer auf und Welt aus.

Hier gibt's keine Checkliste, wie du das perfekte Gespräch führst.
Keine Power-Tipps für „gewaltfreie Kommunikation auf Augenhöhe".

Hier gibt's Realtalk.

Von Eltern, die nachts Googeln: *„Wie lange dauert Pubertät? Und kann man die überspringen?"*

Von Kids, die sich selbst nicht mehr verstehen – und dann mit Eltern zu tun haben, die auf WhatsApp GIFs schicken und „YOLO" sagen, weil sie glauben, das sei noch aktuell.

Wenn du dich also manchmal fühlst wie ein Versager in Erziehungsfragen – willkommen im Club.
Du bist nicht allein. Wir sind viele.
Müde, genervt, überfordert – aber mit verdammt viel Liebe für diese lauten, widersprüchlichen kleinen Wunderwesen, die irgendwann mal unsere Babys waren.

Also los.
Zieh die Jogginghose an.
Lehn dich zurück.
Das Glas Wein voll und das Herz offen.
Es wird hart.
Es wird lustig.
Es wird ehrlich.
Und wenn wir Glück haben, verstehen wir am Ende sogar ein bisschen mehr – nicht nur unsere Kinder. Sondern auch uns selbst.

Let's dive in.
Die Pubertät wartet nicht. Die rennt dich über den Haufen.
Mit Ansage.

Willkommen im Chaos

Von Kulleraugen zu Killermodus – Was zum Teufel ist passiert?

Du kennst das doch.
Eben noch steht da dieses kleine, niedliche Wesen mit Schokoladenfingern und einem selbst gemalten Herz für Mama – und ein paar Jahre später sitzt dir ein Wesen gegenüber, das aussieht wie dein Kind, aber spricht wie ein RTL2-Kandidat auf Valium und Steroiden gleichzeitig.

Früher: „Mamaaa, kannst du mit mir kuscheln?"
Heute: „Boah, fass mich nicht an. Und warum atmest du so laut?!"

Willkommen in der Pubertät.
Wo dein Kind dich nicht mehr Mama oder Papa nennt, sondern einfach: „Ey."

Dialog des Grauens – realistisch bis zur Tränenkante:

Du: „Wie war dein Tag?"
Teenie: „Hmpf."
Du: „Hmpf gut oder Hmpf schlecht?"
Teenie: (dreht Augen, stöhnt, zieht sich ins Zimmer zurück)
Tür: *KAWUMM*
Deine Seele: *Game Over. Bitte Neustart.*

Du sitzt da, glotzt die geschlossene Tür an wie ein Labrador bei Regen und fragst dich: „Was bitte habe ich getan?"

Die Antwort ist simpel. Gar nichts. Oder alles.
Oder genau das Falsche im exakt falschen Moment mit exakt dem falschen Tonfall.
Also wie immer halt.

Was in deinem Kind gerade abgeht (ganz grob, ohne Medizinstudium):

- Hormone knallen rein wie ein schlecht programmiertes Feuerwerk auf Speed.

- Das Gehirn wird einmal komplett umgebaut – während es gleichzeitig benutzt wird.

- Und Emotionen? Hängen durch wie ein nasser Waschlappen an 'ner Stromleitung.

Oder wie Teenager selbst sagen würden:

💬   *„Ich hasse alle. Aber ich will in den Arm genommen werden. Aber wehe, du tust es."*

Mini-Selbsttest: Bist du offiziell im Pubertätsmodus angekommen?

Kreuze an:

- ☐   Du wirst für dein bloßes Existieren angeschrien.

- ☐   Dein Kind hat neue Trigger-Wörter: „Aufstehen", „Zähneputzen", „Ich hab dich lieb".

- ☐   Du brauchst Kaffee, Wein oder beides – noch vor 9 Uhr.

- ☐   Du hast heimlich gegoogelt: „Wie entkommt man seinem Teenager legal?"

- ☐   Du kennst jetzt „Stille Kommunikation durch Türknallen"

Wenn du mehr als eine Box angekreuzt hast:

Herzlichen Glückwunsch. Du bist mittendrin.

Aber hey – tief durchatmen.

Das bist nicht nur du.

Die Eltern auf dem Elternabend, die so tun, als wäre bei ihnen alles harmonisch?

Sie Lügen... Alle!

Oder wie ein Vater mal sagte, während sein Sohn im Hintergrund Metal-Songs durch die Wand „brüllte":

„Ich liebe ihn. Aber manchmal... will ich ihn einfach auf eBay stellen. Ohne Rückgaberecht."

Und jetzt die gute Nachricht:

Du hast noch 14 Kapitel Zeit, zu lachen, zu heulen und vielleicht ein bisschen zu verstehen, was da abgeht – bei deinem Kind, aber auch bei dir.

Und falls du dich heute fragst, ob du das schaffst?

Spoiler: Ja.

Mit Geduld, Humor und ein bisschen Wahnsinn – genau wie der Rest von uns.

Du liebst sie.

Aber manchmal willst du sie auch einfach nur ausquartieren.

Es gibt Momente – und du weißt, welche ich meine – da liebst du dein Kind aus vollem Herzen.

Und gleichzeitig denkst du:

„Wenn ich es jetzt einfach weggebe... würde irgendwer merken, dass es weg ist?"

Nicht falsch verstehen – du willst es nicht *wirklich* weggeben.

Aber vielleicht... ausquartieren?

Für ein Wochenende?

Ein Jahr?

Bis das hormonelle Gehirn-Tornado-Ding da wieder normal atmet?

Fluchtfantasien in Echtzeit:

Du, um 6:45 Uhr, Küche, müde, Kaffee leer:

„Aufstehen, mein Schatz, die Schule ruft."

Dein Teenie, aus der Höhle unter der Decke:

„Warum hasst du mich?!"

Du: *„Ich habe dich doch nur geweckt…"*

Teenager: *„GENAU! Nie darf ich schlafen! Ihr zerstört mein Leben!"*

Du blinzelst, atmest, und denkst:

„Ich könnte jetzt einfach mit dem Auto losfahren. Richtung Süden. Ohne Navi. Nur weg."

Warum du nicht durchdrehst (aber kurz davor bist):

Weil da ja immer noch dieser Moment ist, ganz kurz vorm Schlafen, wenn dein Teenie plötzlich leise wird, nicht meckert, nicht schreit – sondern einfach sagt:

„Kannst du mich zudecken?"

Und BOOM.

Herz explodiert.
Lächeln.
Du weichst dahin.

Sekunden später:

„Boah Mama, was guckst du so komisch?!"

Die emotionale Dauerschleife:

- Du gibst alles.

- Du wirst ignoriert.

- Du bleibst ruhig.

- Du wirst angebrüllt.

- Du atmest tief.

- Du bekommst:
  „Du verstehst eh nix!"

- Du atmest noch tiefer.

- Du liebst sie trotzdem.

- Du willst ausziehen.

- Du bleibst.

Warum?

Weil du weißt: Hinter dem Zickenpanzer steckt dein Kind.
Weil du spürst: Das hier ist ein Kampf. Und sie kämpfen nicht gegen dich
– sondern dafür, herauszufinden, wer sie sind.

Aber sorry:
Das heißt nicht, dass du keinen eigenen Nervenzusammenbruch ver-
dient hättest. Einen pro Woche. Mindestens.

Manchmal willst du einfach nur...

- ein Bad ohne Zahnpastaspuren

- ein Gespräch ohne Geschrei

- ein Tag ohne Diskussion über Socken

- oder auch nur... fünf Minuten Stille.

Nicht meditativ gemeint – sondern: *„Niemand schreit. Niemand atmet aggressiv."*-Stille.

💬 *Teenager inner voice:*

„Wieso sind Eltern so anstrengend? Die übertreiben bei allem. Ich will einfach nur chillen. Und niemand soll irgendwas von mir wissen."

(P.S.: Du wirst gehasst, wenn du das liest.)

Du liebst sie.
Aber du willst auch mal in Ruhe deinen Kaffee trinken.
Oder einen Satz zu Ende sprechen.
Oder einfach mal einen Tag lang nicht das Gefühl haben, du führst einen Kleinkrieg in Flipflops.

Und weißt du was?
Das ist okay.
Denn Liebe bedeutet nicht, alles auszuhalten wie ein Zen-Mönch mit Burnout –
Liebe heißt: Du bleibst.
Trotz allem.
Trotz Augenrollen.
Trotz "Boah-Mama-du-bist-so-peinlich".

Realitätsschock: Niemand hat dich auf diesen Sturm vorbereitet

Man hat dir viel erzählt, bevor du Kinder bekommen hast.
Wie du die perfekte Wickeltechnik lernst.
Wie du Stillen überstehst (und dabei lächelst).
Wie du mit wenig Schlaf funktionierst wie ein verdammter Hochleistungsdrucker.

Aber weißt du, worauf dich KEINER vorbereitet hat?

Die Pubertät.
Der Endgegner.
Level 100.
Ohne Cheats. Ohne Anleitung.
Mit Boss-Fight – aber du bist der Boss, der stirbt.

Geburtsvorbereitung: "Atmen. Vertrauen. Loslassen."

Pubertätsvorbereitung: "Zu spät, Bruder. Zieh dich warm an."

Damals:

"Das ist nur eine Phase."

Ja.
Stimmt.

Nur hat keiner gesagt, dass diese Phase sich anfühlt wie eine Mischung aus Zombieapokalypse, Gerichtsverhandlung und Impro-Theater auf LSD.

Echte Szenen aus dem Leben eines Elternteils:

Szene 1: Wohnzimmer. Samstagmorgen.

Du willst einen gemütlichen Start.
Kaffee. Decke.
Vielleicht ein Buch.
Dein Teenager kommt rein, sieht dich und ruft:

"Kannst du vielleicht mal aufhören, so dazusitzen?! Das nervt!"

Dein Kaffee: Kippt.
Dein Nervenkostüm: brennt.

Szene 2: Küche. Du sagst „Guten Morgen".

Reaktion:

Augenrollen. Stöhnen. Verachtung in Reinform.
„Boah, warum bist du so fröhlich?!"

Du fängst an, dich selbst zu hinterfragen.
Bin ich wirklich so anstrengend?
Atme ich zu laut?
War mein Blick zu besorgt?
Oder einfach nur... da?

Und du, lieber Elternteil, bist plötzlich:

- das Feindbild

- der Oberkontrolleur

- das Auslaufmodell

- und wahlweise die lebende Peinlichkeit in Jogginghose

💬 *Teen-Voice (ungesagt, aber gedacht):*

„Du verstehst eh nix. Lass mich einfach. Und hör auf, mir Ratschläge zu
geben, die du selbst nicht umsetzt."

Das Schlimmste daran?
Niemand hat dich vorbereitet.
Du dachtest, du hättest das Gröbste hinter dir.
Du hast Geburtswehen überlebt.
Du hast trotz 3 Stunden Schlaf eine Brotdose geschnitzt wie Da Vinci.

Aber das hier?
Das ist kein Elternratgeber-Thema.
Das ist Krieg mit Kuschelerinnerung.

Fazit:

Du bist drin.
Mittendrin.
Kein Exit. Kein Rückgaberecht.

Aber hey – du bist nicht allein.
Und wenn du dich gerade fühlst wie ein Toast im Toaster auf Stufe 6:
Du brennst, weil du liebst.

Und das macht dich stark.
Auch wenn es sich manchmal eher wie „verheizt" anfühlt.

Die Hormon-Bombe schlägt ein

Gehirn im Umbau – Bedienungsanleitung leider nicht auffindbar

Also, hier mal ganz ehrlich:
Wenn man beim Kind plötzlich das Gefühl hat, man lebt mit einem feuchten Kurzschluss auf zwei Beinen zusammen, dann ist das keine persönliche Beleidigung – das ist Biologie.

Oder wie es besser passt:
Ein kompletter Hirn-Umbau bei laufendem Betrieb.

Stell dir vor, du baust ein Haus um, während du noch drin wohnst. Und, während die Handwerker das Wohnzimmer abreißen, schläft jemand im Bett daneben und fragt dich, warum du so genervt bist. Willkommen im Teenagergehirn. Da wird gerade alles einmal entkernt, neu vernetzt und mit der Emotionssteuerung einer defekten Achterbahn versehen.

Das limbische System – für Gefühle zuständig – feuert wie ein Feuerwerk im Zirkus, während der präfrontale Kortex – der Teil für Vernunft, Planung und „vielleicht besser nicht schreien" – sich erstmal zurückgezogen hat. Vielleicht nach Ibiza. Vielleicht in Streik. Wer weiß das schon.
Auf jeden Fall: Nicht verfügbar.

Und du als Elternteil?
Bist mittendrin. Ohne Helm. Ohne Bauplan. Ohne Vorwarnung.

Was bedeutet das konkret? Nun ja, an einem Tag will dein Kind kuscheln, Serien gucken, Gummibärchen teilen – am nächsten Tag reicht ein falscher Tonfall und du wirst behandelt, als hättest du die Haustiere vergiftet und TikTok gelöscht.

Es gibt keine Linie, keine Logik, keinen erkennbaren Rhythmus.
Nur den permanenten Soundtrack aus: „Boah, hör auf!" – „Lass mich!" –

„Wieso redest du so mit mir?!" – und der König aller Phrasen: „Du verstehst mich eh nicht!"

Und vielleicht stimmt das sogar ein Stück weit. Denn selbst dein Kind versteht sich oft selbst nicht.

Wer bin ich? Was will ich? Warum raste ich gerade aus, weil jemand mich gefragt hat, ob ich schon gegessen habe? Und warum fühle ich mich nach fünf Minuten allein schon wieder wie ein trauriger Hund in einer leeren Hütte?

Das alles ist kein Zeichen von Undankbarkeit. Kein Hinweis auf schlechte Erziehung. Und nein, du hast nicht versagt. Du hast einfach ein Kind im Hormonorkan – und Hormonstürme haben die Eigenart, sämtliche normalen Kommunikationswege zu sprengen.

Es ist ein bisschen so, als würde dein Kind von innen brennen. Nicht sichtbar, aber spürbar. Und alles, was du sagst oder tust, wirkt entweder wie Öl ins Feuer oder wie ein Eimer kaltes Unverständnis.

Es gibt keine Garantie, keine Erfolgstaktik.
Nur ein Prinzip: dableiben. Aushalten.
Da sein. Auch wenn's kracht.

Auch wenn du denkst: „Gleich schreie ich auch." (Mach's nicht. Oder mach's. Wer will dich aufhalten? Du bist immerhin der Erwachsene. Meistens.)

Und irgendwann – wirklich irgendwann – kommt ein Moment, an dem dein Kind dich wieder anschaut, nicht als Feind, nicht als Störgeräusch, sondern als Mensch, der einfach da ist.
Der bleibt.
Auch ohne Bedienungsanleitung.
Auch wenn's schwer ist.

Und das, genau das, ist das Einzige, was du wissen musst:
Du musst es nicht perfekt machen. Du musst nur nicht abhauen.

Aggro-Level 9000 – Und du bist der Blitzableiter

Es beginnt oft harmlos. Du sagst etwas völlig Alltägliches wie: „Denk dran, morgen ist Bio-Test."

Und plötzlich... BÄM. Ein Sturm zieht auf. Keine Vorwarnung. Keine Chance auf Deeskalation. Nur blanke Wut. Explosiv, irrational, brennend heiß. Dein Kind springt von 0 auf 180 in einer Geschwindigkeit, bei der selbst Formel-1-Fahrer respektvoll den Helm ziehen würden.

„Kannst du mich vielleicht EINMAL in Ruhe lassen?! Immer musst du alles kaputtmachen!"
Tür. Knallt.
Deine Seele: *bitte nicht schon wieder.*

Du stehst da mit offenem Mund, im Flur, vielleicht noch den Einkaufsbeutel in der Hand – und denkst: *Warte mal. Was ist gerade passiert?* Du wolltest keinen Streit. Du hast nicht provoziert. Du warst einfach... da.

Und zack, Blitzableiter. Gratuliere. Du bist offiziell die Projektionsfläche für jede Form von Frust, Unsicherheit und einem innerem Chaos, das dein Kind nicht einordnen kann.

Es ist dabei nicht mal böse gemeint. Nur... halt ungefiltert. Pubertät ist wie ein offenes Mikrofon im Inneren. Alles wird rausgesendet. Ohne Schnitt. Ohne Rücksicht auf Verluste. Und du bist das Publikum, das weder applaudieren noch entkommen kann.

Es gibt Tage, da kommt die Wut wie ein Tsunami: plötzlich, heftig, alles mitreißend. Du fragst, ob sie den Müll runterbringen kann – und bekommst einen Vortrag darüber, wie du ihr ganzes Leben kontrollierst.

Du erinnerst daran, dass es morgen früh rausgeht – und wirst angeschrien, als hättest du ihr Lieblingshaustier geopfert.
Und manchmal... passiert einfach gar nichts. Und trotzdem wirst du angebrüllt. Weil du geguckt hast. Oder weil du nicht geguckt hast.

Oder, Klassiker: „Du guckst schon wieder so!" – „Wie denn?!" – „Na! So eben!"

Du könntest lachen. Oder weinen. Oder beides gleichzeitig, während du parallel versuchst, dein Gesicht so neutral zu halten, dass man dich für ein IKEA-Möbelstück halten könnte.

Spoiler: Es bringt nichts. Dein Kind wird dich trotzdem für ALLES verantwortlich machen. Weil... irgendwo muss die Lava ja hin. Und du stehst halt am nächsten.

💬 *Gedankenblase deines Teenagers:*
„Warum verstehen die Erwachsenen nicht, dass ich einfach meine Ruhe will?! Aber sie sollen trotzdem da sein. Und mir helfen. Aber nicht nerven. Und auch nicht fragen. Und... egal, ihr checkt's eh nicht."

Die Sache ist:
Diese Wut ist nicht gegen dich gerichtet. Sie richtet sich durch dich gegen den gesamten inneren Tumult. Sie ist Ausdruck von Überforderung, von der Unfähigkeit, Worte zu finden für Dinge, die sich falsch anfühlen, aber nicht benennbar sind.

Dein Kind kämpft – und wie bei jedem echten Kampf trifft man dabei auch die Falschen. In diesem Fall: dich.

Und ja, das ist unfassbar schwer. Du musst gleichzeitig stabil, verständnisvoll, ruhig, fair, liebevoll und bitte auch noch witzig sein – und das alles, während dir jemand ins Gesicht schreit, dass du das schlimmste Elternteil der Welt bist. Und nein, du darfst nicht persönlich werden. Nicht zurückbrüllen. Nicht weinen. Nur stehen. Und aushalten.

(Oder heimlich in die Küche flüchten und leise ins Marmeladenglas fluchen.)

Es ist okay, wenn du wackelst. Wenn du wütend wirst. Wenn du zweifelst.

Es heißt nicht, dass du versagst – es heißt, dass du menschlich bist. Und dein Kind wird, irgendwann, still in einem stillen Moment, zurückblicken und erkennen: Du warst da. Du bist geblieben. Auch als der Sturm am schlimmsten war.

Und das, ganz ehrlich, ist größer als jedes Gespräch, jeder gut gemeinte Tipp, jede perfekt gewählte Formulierung.

Manchmal ist Liebe eben einfach: nicht gehen. Und den Blitz aushalten.

Wenn aus dem Kind ein Vulkan wird...
und du ohne Schutzanzug danebenstehst

Es beginnt immer mit einem leisen Grollen. So ganz unschuldig. Du sagst einen Satz. Einen einzigen. Und du meinst es gut.
„Mach bitte den Fernseher aus, wir essen gleich."
Boom. Lava.

„ALTER! Warum darf ich nie was?! Ich kann NIE MAL einfach chillen! Ey ihr seid so gestört! Ich hasse dieses Haus!"

Du blinzelst. In der Küche riecht's noch nach Spaghetti, und in deinem Kopf hämmert nur ein Gedanke:
„Was... zum... F**k... war das jetzt?"

Willkommen in der emotionalen Pyrotechnikabteilung deines Teenagers.

Dein Kind ist jetzt offiziell ein Vulkan auf zwei Beinen, mit eingebautem Frühwarnsystem, das nicht funktioniert.

Du weißt nie, wann es knallt – du weißt nur: Es wird knallen.

Und du kriegst die volle Breitseite.

Egal, worum es geht.

Es kann alles sein:

- Der falsche Käse im Kühlschrank.
- Ein Kommentar wie: „Du hast ja heute mal früh angefangen mit Hausaufgaben."
- Dein Blick. Dein Atmen.
- Oder – und das ist mein persönlicher Favorit – gar nichts. Du warst einfach da. Du hast existiert. Und das... war zu viel.

„DU GUCKST SCHON WIEDER SO!"
„WIE DENN?"
„GENAU SO WIE IMMER! DAS HASSE ICH!"
Tür knallt, Geschirr fliegt, Welt brennt.

Manchmal fühlst du dich wie der Typ aus dem Katastrophenfilm, der direkt neben dem Krater steht und ruft:

„ALLES RUHIG! KEINE PANIK! DAS IST NUR GAS!"
Und dann: *KAWUUUUUUM.*

Aber weißt du, was das Kranke ist?

Zehn Minuten später kann es sein, dass das gleiche Kind mit dir auf der Couch sitzt, Netflix anmacht und sagt:

„Was gucken wir? Kannst du mich zudecken?"

Und du sitzt da, mental noch immer in der Schutzzone, versuchst deine Nerven neu zu sortieren, während dieses Wesen, das eben noch die Wände angeschrien hat, plötzlich... wieder Kind ist.

💬 *Teen-Inneres in Echtzeit (wenn sie könnten, würden sie's so sagen):*

„Ich weiß nicht, warum ich gerade ausgerastet bin. Ich wollte es gar nicht. Aber es kam einfach. Ich fühl mich wie ein wandelnder Gefühls-Atompilz. Alles ist zu laut, zu schnell, zu viel. Und du bist da. Also kriegst du's ab."

Die Wahrheit ist:
Diese Ausbrüche haben nichts mit dir zu tun – aber sie brauchen dich.
Nicht als Gegner. Sondern als Fels.
Ja, der Fels wird angeschrien.
Er wird beleidigt.
Er wird zum Symbol für alles Schlechte im Leben.
Aber: Er bleibt.
Er haut nicht ab, wenn's brenzlig wird.
Er schreit nicht zurück (oder wenn doch, dann heimlich ins Kissen).
Er bleibt da, wenn alles brennt.
Und genau das macht aus einem Felsen irgendwann wieder einen sicheren Hafen.

Natürlich willst du manchmal auch schreien. Vielleicht tust du es sogar. Vielleicht hast du dich dabei schon mal selbst erwischt, wie du in der Küche murmelst:

„Ich zieh in den Wald. Allein. Ohne WLAN. Ich koch mir Tannenzapfensuppe. Wenigstens schreit da keiner."

Und das ist okay. Du darfst auch durchdrehen.
Du darfst überfordert sein.
Aber wenn du es irgendwie schaffst, in diesen Momenten nicht zurückzubrüllen, sondern einfach da zu bleiben, ohne Feuerlöscher, ohne Schutzausrüstung – dann, ganz ehrlich, bist du ein verdammter Held.

Es wird weiterbrennen. Immer wieder.

Aber irgendwann kommt ein Tag, da sagt dein Teenager – leise, fast schuldbewusst:

„Sorry, war eben ein bisschen viel...“

Und dann weißt du:
Die Lava wird weniger.
Die Erde bebt seltener.

Und du bist nicht verbrannt – du bist einfach:
der eine Mensch, der geblieben ist.

Von Love You zu F*** You in 3 Sekunden

Stimmungsschwankungen
Willkommen im emotionalen Schleudertrauma

Du betrittst das Zimmer.
„Hi Schatz, alles okay?"
Sie dreht sich um, lächelt, ein bisschen müde vielleicht, aber:

„Ja, Mama. Alles gut."

Zwei Minuten später.
Du sagst nur: „Denk an den Müll."

„ALTER! Ich kann NIE Ruhe haben! Warum nervt mich HIER IMMER JE-MAND?!"

Herzschlag in der Brust: hä?
Kopf: Was zur Hölle ist gerade passiert?
Nerven: Zieh den Notfallschirm, wir stürzen ab.

Willkommen im emotionalen Schleudertrauma, powered by Pubertät™.
Hier gibt's keine Vorwarnung, keine sanften Übergänge – nur Vollgas auf
Gefühls-Eskalation. Und du sitzt auf dem Beifahrersitz, angeschnallt mit
einem Butterbrot und 'nem nervösen Lächeln.

Manchmal wachst du morgens auf und sie ist fröhlich, singt unter der
Dusche, hat sogar einen halbwegs normalen Gesichtsausdruck (kein Ge-
nervt-Sein, kein „Ich hasse dich"-Blick).

Und du denkst: *„Geil. Vielleicht ein guter Tag."*

Falsch.
Du bringst ihr ein Glas Saft – S A F T – und plötzlich: Weltkrieg.

*„Ich wollte keinen Orangensaft! Du hörst nie zu! Du verstehst mich
NULL!"*

Du stammelst irgendwas, willst es retten, willst nicht, dass der gute Morgen schon stirbt.

„Du hast doch gestern gesagt—"
„Gestern war GESTERN, okay?!"

Und wieder Tür.
Und wieder du, allein.
Und wieder denkst du: Ich bin zu alt für diesen Scheiß.

Es ist wirklich wie Achterbahn – aber du weißt nie, ob's gerade hochgeht oder du schon im freien Fall bist.
Und wenn du denkst, du hast es verstanden? Ändert sich alles.
Gefühle auf Speed. Keine Bremse. Keine Richtung. Keine Garantie.

💬 *Gedankenblase deines Teenagers:*

„Ich weiß nicht, warum ich wütend bin. Oder traurig. Oder beides. Oder gar nichts. Ich weiß nur: Wenn DU was sagst, ist es falsch. Aber wenn du nix sagst, ist es auch falsch. Und ja, ICH weiß, das ergibt keinen Sinn. Aber das ist mir auch egal."

Du fängst irgendwann an, dich selbst wie ein Bombenentschärfer zu bewegen.
Leise reden. Nichts falsch machen. Nicht zu nett. Nicht zu streng.

Und innerlich denkst du: *Alter, kann ich hier bitte einmal atmen, ohne dass es jemandem emotional die Sicherung raushaut?!*

Aber weißt du was? Diese Schwankungen sind Teil des Umbaus.
Hormone, Selbstbild, Stress, Fremdbild, Angst, Überforderung – das ganze Cocktailglas voller Emotionen wackelt bei jeder Bewegung. Und manchmal kippt es. Komplett.

Und trotzdem – ja, trotzdem – gibt es diese Momente.
Die, wo sie dich plötzlich in den Arm nehmen.
Oder dir sagen: *„Danke, dass du da bist."*
Oder sich einfach an dich lehnen, ganz kurz, so als wäre nichts gewesen.

Für drei Sekunden.

Dann:

„Ey… warum guckst du so?!"

Und wieder Tür.
Und du grinst. Weil du weißt:
Das war Liebe. Kurz. Roh. Echt.
Versteckt zwischen zwei Ausrastern.

Und du bleibst.
Im Schleudertrauma.
Mitten in der emotionalen Hölle.
Weil du weißt:
Das ist der Weg. Und du gehst ihn.

Wie du dir jedes Wort zweimal überlegst – und trotzdem falsch liegst

Es beginnt meist ganz harmlos. Du willst freundlich sein. Gut gemeint.
Einfach nur Kontakt aufnehmen.
„Wie war dein Tag?" – zack.
Blick wie ein Dolch.
Körpersprache auf *„geh weg oder ich explodiere".*
Ein leicht genervtes „Geht so..." – und du weißt: Du hast's wieder getan.

Willkommen in der neuen Kommunikationsrealität mit einem pubertierenden Menschen.
Es ist ein bisschen so, als würdest du ein wildes Tier streicheln wollen,
das gerade erst entdeckt hat, dass es Zähne hat – und es ist sich noch

nicht sicher, ob es dich mag oder einfach direkt in dein Gesicht beißen will.

Du überlegst dir jedes Wort.

Du gehst Gespräche innerlich durch wie ein Pressesprecher beim G20-Gipfel:
„Wie formuliere ich das so, dass es nicht falsch ankommt?"
„Was, wenn ich zu neutral bin? Oder zu emotional? Oder zu... überhaupt irgendwas?"

Und dann sagst du es. Mit Bedacht. Mit Feingefühl. Mit dem Lächeln eines Menschen, der innerlich schreit.

Und bekommst:

„Warum redest du so komisch?! Sag's einfach normal!"

Okay. Next Try. Nächstes Thema.
Du willst helfen, Anteil nehmen, *einfach nur nett sein.*
„Du wirkst müde. Alles gut bei dir?"

„Boah! Immer willst du was von mir! Kann ich nicht einfach mal atmen?!"

Du sagst nichts. Du denkst: *Vielleicht einfach mal gar nichts sagen.*

Fünf Minuten später:

„Warum bist du so still?! Bist du sauer?!"

Komm, gib's zu:
Du hast dich auch schon mal dabei ertappt, wie du innerlich geseufzt hast:
„Ich. Kann. Nicht. Gewinnen."

Und genau das ist auch so.
Willkommen in der Verliererzone der Sprache. Du bist nicht raus – du bist drin. Richtig drin. Und alles, was du sagst, ist potenziell ein Auslöser.

Für ein Drama. Für Augenrollen. Für emotionale Explosionen, deren Ursachen du mit keinem Detektiv der Welt rekonstruieren könntest.

💬 *Was im Teen-Kopf gleichzeitig passieren könnte:*

„Warum fragt der mich was, wenn's ihn eh nicht interessiert? Oder interessiert es ihn doch? Aber was, wenn ich was Falsches sage? Ich will, dass man mich in Ruhe lässt. Aber auch, dass man sich kümmert. Aber nicht SO."
(Und ja, das ergibt keinen Sinn. Für dich auch nicht. Willkommen.)

Du beginnst irgendwann, deine Wortwahl zu entschärfen wie ein Bombentechniker.
„Willst du vielleicht... also, nur wenn du magst... ich dachte nur so... also kein Druck, aber..."
Und das Resultat?
Ein genervter Blick.
Ein Seufzen.
Ein: *„Warum redest du so komisch?!"*

Und wieder sitzt du da, in deinem mentalen Schutzanzug, und denkst: *Ich wollte doch nur ein Gespräch führen. Wie in der Werbung. Oder bei Netflix.*
Tja. Netflix hat Pause. Hier ist Realität.

Und trotzdem: Du machst weiter. Weil irgendwo zwischen all den Kommunikationskrisen kleine Momente aufblitzen, die zählen. Ein Lächeln.

Ein Satz wie:
„Ey, danke, dass du einfach zugehört hast."
Oder ein zufälliger Blick aus dem Zimmer, der so viel sagt wie:
„Ich weiß, dass du mich nicht aufgibst."

Du wirst weiter danebenliegen.
Du wirst weiter Worte sagen, die falsch ankommen.
Du wirst weiter zu laut atmen, zu viel fragen, zu wenig fragen, zu spät reden oder zu früh schweigen.
Aber weißt du was?
Dein Versuch zählt. Dein Dranbleiben zählt.
Auch wenn es im Moment nicht ankommt – es bleibt hängen.

Der Moment, in dem du begreifst:
Dein Teenager ist ein Chamäleon auf Koks

Du wachst morgens auf, gehst in die Küche, und da sitzt... dein Kind.
Oder?
Sieht aus wie dein Kind. Gleiche Augen. Gleiche Jogginghose.
Aber: redet höflich. Lächelt. Sagt:

„Guten Morgen.“

Du bist verwirrt. Du sagst:

„Na du, alles okay?“

„Ja, voll. Danke fürs Brötchen gestern. War echt lieb von dir.“

Okay. Jetzt bist du sicher:
Entweder wurde dein Kind ausgetauscht – oder du bist in einer Simulation.

Du gehst vorsichtig zurück ins Bad, guckst in den Spiegel.
Ja, du bist wach. Du bist da. Das ist real.
Aber du weißt: Das hält nicht lange.

Und richtig – zwei Stunden später stehst du im Flur und hörst, wie das Chamäleon mutiert.
Diesmal ist's gereizt, schnippisch, patzig.

„ICH KOMM JA GLEICH! ICH HASSE DIESES HAUS!“

Du: „Äh… du warst doch vorhin noch—"

„OMG, Mama/Papa, ernsthaft jetzt?! Hör einfach auf zu reden!"

Und du denkst: Wer bist du heute? Und wie viele davon kommen noch?

Die Wahrheit ist:
Pubertät macht aus einem klaren Selbstbild einen bunten, schillernden, komplett instabilen Zirkus der Möglichkeiten.
Dein Kind probiert sich aus. Jeden Tag.
Und du bist das Publikum in der ersten Reihe – ohne Sicherheitsnetz.

Mal ist es der coole Überlegene, der alles checkt und dich von oben herab behandelt wie einen Höhlenmenschen.
Dann wieder der kleine, verletzliche Mensch, der am liebsten auf deinem Schoß weinen würde, aber nicht weiß, wie.
Manchmal auch: der Motz-Roboter, die Drama-Queen, der Comedian, der Philosoph, der komplett stille Ninja – alles an einem Tag, innerhalb einer einzigen Laune.

💬 *Was im Kopf deines Teenagers passiert:*
„Wer bin ich heute? Ich hab keine Ahnung. Ich hasse, wie ich aussehe. Oder bin ich geil? Vielleicht bin ich cool? Oder eine Katastrophe? Ich weiß nur: Nichts passt. Aber ich tu jetzt so, als ob alles passt – weil sonst flipp ich aus."

Und DU?
Stehst daneben, atmest durch und sagst dir innerlich:
„Das ist eine Phase. Eine. Phase. Eine PHASE."

Du willst helfen. Aber jede Frage ist ein Angriff.
Du willst Nähe. Aber jede Bewegung wird als Kontrollversuch gewertet.
Du willst einfach nur wissen, mit wem du's gerade zu tun hast.

Antwort: Keiner weiß es. Nicht mal dein Kind.

Das Chamäleon wechselt Farben nach Bedarf – mal Snapchat-Trend-Identität, mal Philosoph auf Sinnsuche, mal rebellisches Monster in Hoodie, das dich anschreit, weil du gewagt hast, das WLAN neu zu starten.

Und das ist anstrengend.
Du bist permanent gezwungen, dich neu einzustellen – wie ein Betriebssystem, das jeden Tag geupdatet wird, aber ohne Anleitung und mit 37 Fehlermeldungen.

Und trotzdem:
Irgendwo hinter all diesen Rollen sitzt noch immer dein Kind.
Unsicher. Überfordert.
Auf der Suche.
Nach sich selbst.
Nach Halt.
Nach dir.

Auch wenn es schreit, dich anbrüllt, wechselt, wankt und dich testet, bis du nicht mehr kannst – es schaut immer wieder: Bist du noch da? Hältst du noch durch? Bleibst du, auch wenn ich mich verliere?

Und du tust es.
Weil du weißt: Das ist nicht der Endzustand. Das ist die Zwischenform.
Ein Werk in Bearbeitung.

Und irgendwann kommt der Moment – ein echter, klarer, menschlicher Blick – und du siehst:
Da ist sie / er. Wieder. Oder endlich. Oder zum ersten Mal.

Und bis dahin?

Guten Morgen, Chamäleon. Was darf's heute sein?

Der Körper mutiert

Pickel, Schweiß und plötzlicher Haarwuchs an Stellen, die man eigentlich nicht diskutieren will

Okay. Also.

Irgendwann kommt dieser Tag, da betrittst du das Kinderzimmer, um mal schnell ein Glas oder zwei Tage alte Tassen einzusammeln – und dann: BAM.

Dir schlägt eine Wand aus Teenager-Schweiß, Deo-Overkill und dem Duft von Socken-Verwesung ins Gesicht und du überlegst kurz, ob du beim Betreten aus Versehen in einen Stall voller pubertierender Ziegen gefallen bist.

Und das ist nicht böse gemeint. Es ist einfach... Realität.

Der Körper mutiert. Und zwar komplett ohne Rücksicht auf Ästhetik oder Geruchszonen.
Wo früher glatte Babyhaut war, sprießen jetzt Haare. Überall. Also wirklich: ÜBERALL.
Und zwar plötzlich. Und ohne vorher zu fragen.

Und du, als Elternteil, stehst da und denkst: *„Okay... ich sag einfach nichts. Ich tu so, als wäre das alles ganz normal."*

Spoiler:
Es ist nicht normal. Also biologisch schon – aber psychisch? Nope.
Weil dein Kind selber nicht weiß, was da gerade mit dem eigenen Körper passiert.

Pickel platzen auf wie Popcorn in der Hölle, Stimmen brechen weg wie alte Telefonleitungen, und irgendwo taucht plötzlich ein Rasierer auf, von dem niemand weiß, wann er gekauft wurde.

💬 *Gedankenchaos des Teenagers:*
„Warum hab ich auf einmal Haare am Rücken? Ist das normal?! Bin ich
ein Werwolf? Und warum sagt keiner was? Und warum sagen sie WAS?!
Hört einfach auf zu reden!"

Das große Thema: Körpergeruch.
Ja, man darf's sagen. Weil's nun mal da ist. Und zwar manchmal in einer
Intensität, dass du dich fragst, ob du statt Erziehung nicht lieber ein
Duschgel-Abo hättest abschließen sollen.

Aber – Achtung – sprich es bloß nicht zu direkt an.
Satz wie „Geh doch mal duschen" = Kriegserklärung.
Du kannst es noch so liebevoll verpacken:

„Vielleicht fühlst du dich ja danach frischer?"
„Willst du neue Duschprodukte ausprobieren?"
„Es gibt da so ein cooles Deo mit Schwarzkümmelöl…"

Egal. Es kommt an wie:

„Du stinkst wie ein Bärenarsch, bitte verschwinde."

Was folgt: Drama. Wütender Blick. Türknallen.
Und drei Tage Duschstreik aus Protest gegen „körperliche Fremdbestim-
mung".

Und ja, das ist absurd.
Denn gleichzeitig steht da ein Mensch vorm Spiegel und untersucht jedes einzelne neue Haar auf dem Kinn mit der Sorgfalt eines CSI-Ermitt-
lers.

Und dann diese Pickel.
Holy Shit, die Pickel.
Auf der Stirn, an der Nase, auf dem Rücken, manchmal einfach mitten im
Leben.
Und wehe, du guckst hin. Oder sagst was. Oder bietest Hilfe an.

„Boah, guck da nicht so hin!"
„Was weißt du denn?! Damals gab's keine Selfies!"

Als Elternteil lernst du plötzlich Fachbegriffe wie „Teebaumöl", „komedogenfrei" und „salicylsäurehaltig".
Nicht, weil du das willst. Sondern weil du verzweifelt versuchst, das emotionale Minenfeld aus Unsicherheit, Ekel, Stolz und totalem Kontrollverlust zu navigieren.

Aber hey – hier ein Fun Fact, den man dir nie vorhergesagt hat:
Auch Scham verändert sich.
Dein Kind will vielleicht plötzlich die Tür zu machen. Beim Umziehen.
Beim Duschen. Beim Atmen.

Und gleichzeitig liegen drei benutzte BHs oder Boxershorts auf dem Boden, als wären sie Dekoartikel.
Logik? Fehlanzeige.

Die Wahrheit ist:
Das, was da gerade passiert, ist ein absoluter körperlicher Ausnahmezustand – wie ein unfreiwilliger Umbau mit Baustelle auf allen Etagen.
Es juckt, es stinkt, es schwillt, es klebt – aber keiner will drüber reden.
Du versuchst zu helfen. Dein Kind will es alleine schaffen.
Und gemeinsam steht ihr im Duftnebel der Verzweiflung und denkt:
„Was zum Teufel passiert hier eigentlich?"

Wenn sich dein Kind im eigenen Körper nicht mehr auskennt

Du erinnerst dich an früher?
Der Körper war einfach da.
Funktioniert hat er irgendwie. Hüpfen, rennen, Schokolade essen, schlafen, aufwachen – alles easy.
Kein Hinterfragen.
Kein Spiegelstress.
Kein Drama.

Und jetzt?
Jetzt steht da jemand vor dem Spiegel, dreht sich zur Seite, hebt das Shirt, kneift in die Haut, starrt auf Poren, dreht sich nochmal – und sagt:

„Ich seh komisch aus."
Oder schlimmer:
„Ich hasse mich."

Und du?
Stehst daneben mit deinem Elternherz in der Hand, willst sagen:

„Du bist wunderschön! Du bist genau richtig so!"
Und weißt: Es kommt nicht an.
Es kommt. Einfach. Nicht. An.

Weil der Spiegel auf einmal zum Feind geworden ist.
Weil sich der Körper verändert hat, ohne zu fragen.
Weil sich plötzlich nichts mehr anfühlt wie vorher – nicht die Haut, nicht die Kleidung, nicht mal das Lächeln.

Und während du versuchst, deinem Kind ein bisschen Selbstvertrauen reinzureden, googelt es still im Zimmer:

„Bin ich zu fett?"
„Wie sieht ein schöner Körper aus?"
„Wieso seh ich anders aus als die anderen?"

Denn ja – da ist nicht nur der eigene Körper.
Da ist auch Instagram. TikTok. Filter. Perfekte Menschen mit perfekten Posen und perfekten Kinnlinien.

Was dein Kind sieht: makellose Haut, definierte Körper, 10.000 Likes.

Was dein Kind fühlt:

„Ich bin falsch."

Und das ist das Gift.
Diese still wachsende Unsicherheit.

Diese inneren Vergleiche, die so hart sind, dass man sich selbst irgendwann nicht mehr erkennt.

💬 *Innerer Monolog eines pubertierenden Gehirns:*
„Ich fühl mich falsch. Ich sehe nicht aus wie ich will. Ich will mich verstecken. Ich will gesehen werden. Ich will Aufmerksamkeit. Ich will unsichtbar sein. Ich bin zu viel. Ich bin zu wenig. Ich bin... keine Ahnung."

Und du?
Du willst helfen.

Sagst:

„Ich find dich wunderschön."

Und bekommst:

„Du MUSST das sagen. Du bist mein Elternteil. Das zählt nicht."

Autsch.
Wahrheit tut weh.
Aber trotzdem sagst du's weiter.
Weil irgendwann, ganz tief drin, bleibt ein Satz hängen.
Nicht sofort.
Aber er bleibt.

Manchmal ist es nicht mal das Aussehen.
Es ist das Gefühl im eigenen Körper.
Nicht mehr Kind, noch nicht ganz erwachsen.
Die Haut spannt, die Kleidung sitzt plötzlich anders.
Der Körper fühlt sich fremd an – als wäre man da drin gelandet, aber keiner hat erklärt, wie man ihn benutzt.
Ein halbfertiger Mensch auf Identitätssuche im eigenen Fleischkostüm.

Und ja – es tut weh, das zu sehen.
Zu merken, wie dein Kind sich selbst anfängt zu zerlegen, Stück für Stück.
Aber du bleibst da.
Du bleibst nicht, um zu retten.
Du bleibst, um zu erinnern:
Du bist mehr als dein Spiegelbild.

Du lachst, wenn es sich selbst hasst. Nicht aus Spott – aus Liebe.
Du bleibst ruhig, wenn es schreit.
Du sagst zum zehnten Mal:

„Du bist okay."

Und irgendwann – wenn der Körper sich gesetzt hat, wenn das Selbst
wieder langsam zurückkehrt – kommt dieser Blick.
Ein leiser, kleiner, vorsichtiger Blick.
Und in diesem Blick liegt vielleicht zum ersten Mal der Gedanke:

„Vielleicht bin ich nicht hässlich. Vielleicht bin ich einfach... ich."

Zwischen Scham, Stolz und: „Kauf mir NIEMALS Binden, Mama!"

Also. Du stehst im Drogeriemarkt. Ganz normaler Einkauf.
Zahnpasta, Duschgel, Taschentücher.
Und dann – wie aus dem Nichts – kommt dieser Blick:
„Wenn du mir Binden kaufst, dann... DANN BIN ICH WEG!"

Du willst helfen. Du willst vorsorgen. Du willst einfach ein fürsorgliches
Elternteil sein.

Aber was dein Kind hört, ist:

*„Ich werde jetzt öffentlich machen, dass du ein menschlicher Körper mit
Funktionen bist."*

Und damit ist's passiert.
Du hast die Schamgrenze überschritten.

Ob es um die erste Menstruation geht oder um plötzliches Rasieren, Deo-Drama oder BH-Größen-Fragen – alles, was früher mal Thema in einem Sachbuch war, ist jetzt real.
Körperliche Reife. Live. Ohne Drehbuch.

Und der Umgang damit?
Explosiv.

An einem Tag gibt's Stolz:
„Guck mal, ich krieg jetzt richtige Muskeln!"
Oder: „Ich glaub, ich krieg einen Bart. Oder ein Haar. Irgendwas!"

Am nächsten Tag:
„WARUM HAT MICH NIEMAND VORGEWARNT?! Ich will zurück! Ich hasse alles! Ich bin eklig!"

Du versuchst zu navigieren.
Zwischen Stolz und Krise.
Zwischen Deospray-Overkill und „Ich dusch heut nicht, weil ich gestern schon mal kurz unter Wasser stand".

Und ganz ehrlich – dieser Mix aus Scham und Stolz ist wie ein schlecht temperierter Vulkan.

Mal will dein Kind in die Apotheke laufen und alles selber kaufen.
Mal schreit es dich an, weil du gewagt hast, Tampons in dieselbe Einkaufstüte wie die Müsli-Riegel zu legen.

💬 *Innerliche Teenie-Schrei-Stimme:*

„Warum kann mein Körper nicht einfach normal sein?! Warum ist alles peinlich?! Warum redest du mit MIR über sowas?! Bist du irre?! Ich sterbe gleich!"

Und als Elternteil brauchst du jetzt vor allem zwei Dinge:
1. Pokerface.
2. Humor. Viel.

Denn egal, wie locker du bist – dein Kind wird bei 98% aller Versuche zur Kommunikation über „Körperdinge" explodieren.
Du sagst „Brust" – sie explodieren.
Du sagst „Rasierer" – sie ziehen aus.
Du erwähnst „Ausfluss" – und die Welt steht still.

Und du stehst da, mit deiner Lebenserfahrung, mit deinem empathischen Tonfall – und wirst behandelt, als hättest du nackt auf dem Küchentisch einen Menstruations-Tanz aufgeführt.

Tipp für Fortgeschrittene:
Manchmal hilft ein stiller Rückzug. Du legst einfach die Binden ins Bad. Keine Worte. Keine Zettel. Keine „Ich bin für dich da"-Spruchkarte mit Herzen.

Einfach nur: unsichtbar versorgt.

Und manchmal – total verrückt – kommt dein Kind dann später und sagt:

„Danke... aber sag's bitte einfach nie wieder laut."

Weißt du was?
Zwischen Scham und Stolz zu pendeln ist völlig normal.
Denn dein Kind ist in einem Körper, der neu ist. Unbekannt. Und plötzlich öffentlich.
Brüste, Bart, Haare, Blut, Geruch, Pickel, Wachstumsschmerzen – all das kommt, ohne Anleitung, ohne Absprache, ohne Pause.

Und DU bist der Mensch, der das auffangen darf.
Du, mit deinem Pokerface, deinem Anti-Fremdscham-Filter und deiner Fähigkeit, das Wort „Intimbereich" zu sagen, ohne dass jemand kotzt.

Du bist der Anker.
Auch wenn du nervst.
Auch wenn du „zu viel redest".
Auch wenn du Tampons gekauft hast.

Denn hinter all dem Drama liegt etwas anderes:

Dein Kind will gesehen werden – aber bitte nicht dabei ertappt werden.
Will sich entwickeln – aber nicht beobachtet werden.
Will erwachsen werden – aber nicht auf Kommando.

Und du?

Du Bleibst.
Still.
Stark.

Und mit einem Notfallvorrat an Deo, Rasierklingen und Humor im Schrank.

Drama vorm Spiegel

Der Spiegel lügt. Oder alle anderen. Oder beides.

Es ist 6:47 Uhr.
Du stehst mit halb geschlossenen Augen in der Küche, denkst an Kaffee und daran, wie schön dein Kind mal geschlafen hat – damals, als Aufstehen noch nicht „psychische Gewalt" war.

Dann hörst du ein Geräusch.
Ein Schluchzen. Ein Kreischen. Eine Mischung aus Weltuntergang und Beyoncé beim Soundcheck.

Du sprintest los.
Tür zum Badezimmer auf – und da steht dein Teenager vorm Spiegel, blickt starr auf das eigene Gesicht und zischt:

„ICH. SEHE. FURCHTBAR. AUS!"

Du blinzelst, siehst... ein ganz normales, wunderschönes Gesicht.
Okay, vielleicht ein Pickel. Vielleicht ein bisschen zerzaustes Haar.
Aber insgesamt? Nichts, was rechtfertigen würde, dass jemand so dramatisch ausrastet, als wäre ein Meteor auf die Nase eingeschlagen.

Du wagst einen Versuch:

„Ich finde, du siehst gut aus."

Fehler. Großer Fehler.

„Du sagst das nur, weil du MUSST! DU VERSTEHST NICHTS!"

Tür zu. Drama an.
Und du stehst draußen und denkst: „Okay. Der Spiegel hat gelogen. Oder ich. Oder alle lügen. Ich geh einfach Kaffee holen."

Spiegel in der Pubertät ist kein Werkzeug. Es ist eine Kampfzone.
Ein Schlachtfeld.
Ein Feind mit Beleuchtung.
Und das Kind davor?
Teilzeit-Model, Teilzeit-Monster, Fulltime-Kritiker*in.

Denn plötzlich wird ALLES bewertet.
Die Stirn.
Die Nase.
Die Form der Lippen.
Das Verhältnis von Augenbraue zu Wimpernlänge.
Das eine Haar, das nicht liegt.

💬 *Innerer Spiegel-Monolog deines Teenagers:*
„Mein Gesicht sieht anders aus als gestern. Meine Augen sind zu klein. Mein Mund ist schief. Ich bin hässlich. Warum bin ich so?! Oder bin ich schön? Aber warum fühl ich mich dann so falsch?! Und warum sagt niemand was?! Oder sagen alle zu viel?!? BOAH."

Du willst trösten, helfen, reparieren.
Aber in diesem Moment gibt es nur einen, der zählt: der Spiegel.
Und der ist grausam.
Denn was dein Kind darin sieht, ist nicht das, was du siehst.
Nicht mal das, was andere sehen.
Es ist ein verzerrtes Bild, gefiltert durch Unsicherheit, Selbstzweifel und das ständige Gefühl:
„Ich bin nicht genug."

Und da stehst du.
Mit Liebe.
Mit Geduld.
Mit Komplimenten, die abprallen wie Gummibälle an Beton.

„Du siehst toll aus." – *„Sag das nicht. Das ist peinlich."*

„Ich find deine Augen so schön." – *„OMG, hör auf! Ekelhaft!"*

„Wirklich, du bist—" – *„STOPP! Sag einfach nichts mehr."*

Und trotzdem:
Du sagst es weiter.
Leise.
Wiederholt.
Nicht immer direkt – manchmal durch Blicke, durch Handlungen, durch den einfachsten Satz der Welt:

„Ich seh dich."

Denn in Wahrheit sucht dein Kind nicht nur nach der richtigen Frisur oder dem perfekten Winkel – sondern nach Sicherheit im eigenen Spiegelbild.
Nach dem Gefühl: „Ich bin okay, auch wenn ich mich nicht okay finde."

Ja, der Spiegel lügt manchmal.
Und manchmal nicht.
Manchmal sieht man sich selbst zu kritisch.
Manchmal ist da einfach ein fetter Pickel. Punkt.

Aber egal was: Du bist der Mensch, der nicht wegguckt.
Auch wenn du angeschrien wirst.

Auch wenn du rausschleichst, weil du weißt:
Jetzt ist kein Platz für Wahrheit, jetzt ist Platz für Krise.

Und irgendwann, an irgendeinem Morgen – vielleicht in einem Jahr, vielleicht in drei – wird dein Kind in den Spiegel schauen und sagen:

„Gar nicht so schlimm."
Oder sogar:
„Sieht eigentlich ganz gut aus."

Und du weißt:
Der Spiegel hat's kapiert.
Oder dein Kind.
Oder beide.

Instagram-Filter im echten Leben? Leider nein.

Es beginnt harmlos:
Ein Blick aufs Handy. Ein kurzer Scroll durch TikTok oder Insta.
Ein paar Influencer-Gesichter, alles makellos.
Poren? Nicht vorhanden.
Augen? Groß wie bei Disney-Prinzessinnen.
Haut? Glatt wie Softeis.

Und irgendwo dazwischen sitzt dein Kind mit einer Stirn voller Pickel und
der festen Überzeugung:
„Ich bin hässlich. Alle anderen sehen besser aus."

BÄM.
Willkommen im digitalen Spiegelkabinett.
Wo jeder so aussieht, wie niemand aussieht – und keiner das merkt.
Außer deinem Teenager. Der merkt's. Und leidet.
Und du? Du darfst dir Dinge anhören wie:

„Warum seh ich nicht so aus wie DIE da?"
„Guck dir ihre Haut an!"
„Ich hab 'ne Kartoffelnase!"
„Das ist unfair!"

Du versuchst zu erklären, dass das Filter sind. Licht. Retusche. 47 Apps.

Du sagst:

„Niemand sieht so aus. Nicht mal die selbst."

Antwort:

„Jaja, das sagen ALLE hässlichen Leute.“

Autsch.

Was dein Kind gerade erlebt, ist digitale Selbstzerstörung auf leisen Sohlen.
Kein Mobbing von außen. Kein direkter Angriff.
Nur der ständige Vergleich mit einem Ideal, das nicht mal real ist.

Und weißt du was? Es ist verdammt schwer, dem zu entkommen.

Denn diese Fake-Welt ist nicht nur hübsch – sie ist süchtig machend.
Sie gibt Likes. Bestätigung. Aufmerksamkeit.
Und jedes Mal, wenn dein Teenager mit echter Haut in den Spiegel schaut, fühlt es sich an wie:
„Ich habe verloren.“

💬 *Gedankenstrudel deines Teenagers:*
„Ich könnte hübsch sein, wenn meine Haut besser wär. Wenn meine Augen größer wären. Wenn mein Gesicht schmaler wär. Wenn ich ein bisschen mehr so wäre wie die da. Oder wenigstens nicht so wie ich.“

Und du – du stehst daneben.
Siehst dein wunderschönes Kind.
Siehst dieses strahlende, komplexe, echte Gesicht – und kannst einfach nicht fassen, dass es sich selbst so ablehnt.

Aber du kannst Instagram nicht löschen.
Du kannst TikTok nicht verbieten.
(Okay, könntest du. Aber willst du wirklich nachts deine Tür verriegeln müssen, aus Angst vor Racheaktionen?)

Stattdessen musst du das tun, was am schwersten ist:
Aushalten. Und dagegenhalten. Mit Liebe. Mit Realität. Ohne Filter.

Du sagst:
„Diese Menschen dort verdienen Geld damit, so auszusehen. Und selbst
das tun sie nicht – weil ein Algorithmus ihre Haut besser kennt als ihre
Mutter."

Du zeigst dein eigenes Gesicht. Ungefiltert.
Du erzählst, dass auch du Zeiten hattest, in denen du dich gehasst hast
im Spiegel.

Und manchmal, ganz selten, sagt dein Kind:
„Echt jetzt? DU?!"
Und du nickst.
Und da ist für eine Sekunde Verständnis. Nähe. Realität.

Denn irgendwann kommt der Moment, da fängt dein Kind an, Fragen zu
stellen:
„Wie bearbeite ich ein Bild so, dass es noch wie ich aussieht?"
„Wie schafft man's, sich selbst nicht zu hassen?"
„Warst du auch mal unsicher?"

Und du merkst:
Da wächst was.
Zwischen all dem Glitzer, Fake und Hochglanz entsteht ein kleines, zartes
Pflänzchen namens:
Selbstannahme.

Noch nicht groß.
Noch nicht sicher.
Aber echt.

Und das – verdammt nochmal – ist schöner als jedes Filtergesicht auf
diesem Planeten.

Selbstbild zwischen Größenwahn und Selbsthass

Du hast sicher schon mal gedacht:
„Wow. Heute ist gute Laune. Sogar ein Lächeln! Vielleicht ein Kompliment!"

Und dann... kommt es.
Das Statement.
Direkt, unverblümt, ohne Ironie:

„Ich bin eigentlich schon so ein bisschen krass, oder?"

Du nickst. Lachst vielleicht. Sagst:

„Na klar, du bist super."

Falle. Boom. Direkt reingetappt.

„Du musst das ja sagen. Du bist befangen. Das zählt nicht."

Und Sekunden später:

„Ich kann eh nix. Warum bin ich so blöd? Ich hasse mich."

Wait... what?!

Du bist verwirrt.
Du warst bei „ein bisschen krass" – und jetzt bist du bei „Selbstzerstörung mit Apokalypse im Herzen".
Und das ist kein Einzelfall. Das ist: Pubertäres Selbstbild 101.

💬 *Live aus dem Teenie-Kopf:*
„Heute bin ich hot. Ich hab Style. Ich bin funny. Ich bin deep. Ich bin eine verdammte Legende."

Zwei Stunden später:
„Ich bin ein Witz. Alle lachen über mich. Warum hab ich überhaupt was gesagt? Ich bin hässlich, dumm, peinlich."

Und dann wieder:
„Ich könnte Model werden. Oder CEO. Oder beides."

Die Wahrheit ist:
In der Pubertät gibt es kein stabiles Selbst.
Da wird gesucht, getestet, überhöht, zerschmettert und wieder aufgebaut – alles innerhalb eines einzigen Tages.

Dein Kind ist im inneren Casting-Marathon:
„Wer bin ich heute? Wer könnte ich sein? Und warum fühl ich mich trotzdem wie ein Fail?"

Und du?
Stehst daneben wie der Gastgeber einer völlig überdrehten Realityshow:

„Willkommen zu: 'Rate, wie sich dein Kind heute selbst sieht!' Unser heutiger Kandidat: überfordert, genervt und voller Liebe, die nicht ankommt!"

Mal will dein Teenager Bestätigung, mal will er sie auf keinen Fall.
Mal will er gar nichts hören – und ist beleidigt, dass du nichts gesagt hast.
Mal erwartet er, dass du seinen Style feierst – und flippt aus, wenn du ihn anschaust.
Es gibt keine goldene Regel. Nur diesen einen Satz, der immer irgendwie stimmt:

„Ich bin verwirrt. Und ich will, dass du mich siehst. Aber bitte falsch gucken darfst du trotzdem nicht."

Du lernst, zu beobachten.
Du lernst, nicht immer zu bewerten.
Du lernst, dass Selbstbewusstsein in dieser Zeit wie ein Luftballon ist –

schwebend, schön, aber jederzeit kurz vor dem Platzen.
Und du lernst, dass dein Kind manchmal einfach nur eins braucht:
Nicht die Wahrheit. Sondern Nähe.

Nicht:
„So schlimm ist das gar nicht."

Sondern:
„Ich weiß, dass du dich heute so fühlst. Und ich bleib da."

Denn zwischen Größenwahn und Selbsthass braucht es kein Urteil –
es braucht einen Menschen, der stehen bleibt, auch wenn es wehtut.
Der nicht lacht, wenn dein Kind sich überhöht – und nicht bagatellisiert,
wenn's sich zerlegt.

Der einfach sieht.
Ohne Filter.
Ohne Urteil.
Nur mit Liebe.

Und irgendwann kommt der Moment:
Da steht dein Kind vorm Spiegel.
Sieht sich selbst.
Und sagt – ganz leise, ganz ehrlich:

„Ich glaub, ich bin okay."

Und das, mein lieben Chaos-Elternteile, ist der wahre Insta-Moment.
Ganz ohne Filter.

Schule, Druck und Versagensangst

Die Note war gut – aber nicht „gut genug" (für wen eigentlich?)

Du sitzt da, wartest gespannt. Dein Kind kommt aus der Schule.
Nicht übermäßig fröhlich, aber auch nicht Weltuntergang.

Du fragst vorsichtig:
„Und? Wie lief's in Mathe?"

Antwort:
„Hab 'ne Zwei."

Du freust dich. Ehrlich. Strahlst.

„Mega! Ich wusste, du schaffst das!"

Stille.

Dann:
*„Ja, aber XY hatte eine Eins. Und ich hab wieder bei Aufgabe 3 verkackt.
Und es war eh Glück. Ich bin einfach dumm."*

BÄM.
Von Stolz zu Selbstzerstörung in unter drei Sekunden.
Und du sitzt da und denkst: Was ist denn jetzt schon wieder passiert?!

Willkommen im Schulsystem 2.0 – powered by Vergleich, Erwartung und
mentaler Dauerüberforderung.
Denn eine gute Note reicht oft nicht.
Nicht, wenn andere besser waren.
Nicht, wenn der Druck von innen kommt.
Nicht, wenn dein Kind längst den Glaubenssatz verinnerlicht hat:
„Ich bin nur so viel wert wie mein letzter Test."

💬 *Gedankenstrom im Kopf deines Kindes:*
„Ich hab gelernt. Ich hab's versucht. Ich wollte, dass es reicht.
Aber warum fühl ich mich dann wie ein Loser? Warum freu ich mich
nicht? Bin ich undankbar? Oder einfach... nicht genug?"

Und du?
Willst helfen. Willst aufbauen.
Sagst Dinge wie:

„Hey, eine Zwei ist super!"
„Du kannst stolz auf dich sein!"
„Ich hab damals nicht mal ne Drei geschafft!"

Und was kommt zurück?

„Du verstehst das nicht."
„Heute reicht das nicht mehr."
„Andere kriegen immer Einsen. Die sind einfach schlauer."

Und du merkst: Es geht längst nicht mehr um Noten.
Es geht um Selbstwert. Um Druck. Um das Gefühl, sich jeden Tag zu be-
weisen – und trotzdem zu verlieren.

Denn Schule ist heute nicht nur Ort des Lernens.

Schule ist Bühne. Vergleichslabor. Angstzone.

Da wird nicht nur gerechnet – da wird verglichen, bewertet, gestempelt.
Und was dein Kind oft spürt, ist nicht das „Ich habe eine Zwei".

Sondern:
„Ich war nicht der Beste. Ich war nicht perfekt. Ich habe versagt."

Und das frisst.
Leise.
Tief.

Und ja – vielleicht denkst du:
„So haben wir das doch früher auch erlebt..."

Ja. Schon.
Aber heute ist alles schneller. Härter. Öffentlicher.
Schulnoten landen in WhatsApp-Gruppen.
Vergleiche passieren live.
Da heißt's nicht mehr „Ich hatte ne Zwei" – sondern:
„Alle hatten Einsen. Ich bin der / die Einzige, der / die dumm ist."

Du versuchst, Druck rauszunehmen – und dein Kind legt ihn sich selbst wieder rein.

Du sagst:
„Du bist mehr als deine Noten."

Und dein Kind denkt:
„Aber warum fühl ich mich dann weniger, wenn ich schlechter bin?"

Und du?
Kannst nicht viel tun.
Du kannst da sein.
Zuhören, wenn es auskotzt.
Nicht sofort mit Tipps kommen. Nicht immer trösten wollen.

Manchmal einfach nur sagen:

„Ich versteh, dass sich das grad scheiße anfühlt."

Und vielleicht – ganz vielleicht – später auch:

„Ich bin stolz auf dich. Nicht weil du eine Zwei hast. Sondern weil du's überhaupt versucht hast."

Denn was dein Kind wirklich braucht, ist nicht die Anerkennung für das Ergebnis, sondern für die für den Weg, für den Mut, für das Dranbleiben.

ADHS, Depression oder einfach „nur Pubertät"?
Willkommen in der Grauzone

Du kennst dein Kind. Denkst du.
Du weißt, wie es lacht, wie es redet, wie es guckt, wenn's lügt.
Aber plötzlich... ist alles anders.

Es zieht sich zurück. Wird still.
Oder laut. Aggressiv.

Du sagst „Guten Morgen" – es knallt die Tür.

Du fragst:
„Was ist los?"

Und bekommst:
„NIX!"

Aber du spürst:
Da ist was.
Etwas zwischen Wut und Traurigkeit.
Zwischen Müdigkeit und Leere.

Und dann kommen die Gedanken.
Die stillen Fragen.

Die leise Panik im Kopf:
Ist das noch normal? Ist das Pubertät? Oder... rutscht da was ab?

Denn ja – Pubertät ist wild.

Sie bringt Stimmungsschwankungen, Energie-Crashs, Überforderung,
Tränen, Türenknallen und Sinnkrisen am Frühstückstisch.
Aber was, wenn's nicht mehr zurückpendelt?

Was, wenn das Lächeln zu lange fehlt?
Wenn das Bett nicht mehr verlassen wird?
Wenn Schule egal wird, Freunde egal werden, ALLES egal wird?

„Übertreibe ich? Soll ich was sagen? Ist es nur 'ne Phase? Oder verpasse ich gerade den Moment, wo ich helfen müsste?"

Willkommen in der Grauzone.
Da, wo es keine klaren Antworten gibt.
Wo man nicht weiß, ob man nervt oder rettet.
Ob man zu viel fragt oder zu wenig.
Und wo alles, was man tut, falsch sein könnte – aber nichts tun auch keine Option ist.

Denn da draußen gibt es Kinder, die still leiden.
Die funktionieren.
Die lächeln.
Die ihre Noten schreiben, während sie innerlich zerfallen.
Und keiner merkt's.

Weil alle denken:
„Tja, ist halt Pubertät."

Aber manchmal ist es eben mehr.
Manchmal steckt da ADHS.
Oder eine beginnende Depression.
Oder eine Angststörung.
Oder einfach das Gefühl:
„Ich passe nicht in diese Welt."

Und du?
Du versuchst, durch den Nebel zu navigieren.
Mit Taschenlampe und Herz.
Und stolperst trotzdem.
Weil es kein Buch gibt, das dir sagt:
„Jetzt ist es ernst."

Die Wahrheit ist bitter und gleichzeitig kraftvoll:
Du musst nicht alles verstehen.
Du musst nur da sein.
Ehrlich, wachsam, offen.
Nicht mit Druck. Nicht mit „Jetzt reiß dich mal zusammen!"
Sondern mit Raum.

Mit dem Satz:
„Ich seh, dass es dir grad nicht gut geht. Ich will einfach, dass du weißt:
Du bist nicht allein."

Und vielleicht:
„Wenn du reden willst – ich bin da. Und wenn nicht – ich bleib trotzdem."

Manchmal ist es nötig, Hilfe zu holen.
Ein Gespräch bei einer Schulsozialarbeiterin.
Ein Besuch beim Hausarzt.
Ein Beratungstermin beim Jugendpsychologen.
Nicht, weil du versagt hast.
Sondern, weil du Verantwortung übernimmst.
Weil du zeigst: Mental Health ist kein Tabu.
Nicht in diesem Haus. Nicht bei uns.

Und manchmal?
Ist es einfach nur Pubertät.
Die wilde, wütende, traurige, absurde.
Und irgendwann... pendelt es sich wieder ein.
Nicht plötzlich. Aber schrittweise.

Und dann, ganz langsam, kommt wieder ein Lachen. Ein Gespräch. Ein
„Kannst du mir helfen?"
Und du weißt:
Du hast nicht überreagiert. Du hast aufgepasst.

Leistungsdruck, Blackouts und das Gefühl, nie zu genügen

Es ist wieder dieser Tag.
Test.
Arbeit.
Klausur.
Nenn es, wie du willst – für dein Kind ist es Krieg.

Du versuchst morgens noch aufmunternd zu sein:
„Hey, du schaffst das. Du hast gelernt, du bist vorbereitet."

Und was kommt zurück?
Ein Blick, der alles sagt:
„Hör bitte auf, mich mit deinen Hoffnungen zu belasten."

Denn dein Kind hat gelernt.
Geschwitzt. Wiederholt. Panik gehabt.
Aber in dem Moment, in dem der Stift auf dem Papier liegt, passiert's:
Blackout.

Komplett.
Leere.
Nur noch Herzklopfen, Schweiß, Übelkeit, Angst.

💬 *Kopfkino deines Teenagers:*
„Ich kann das. Ich wusste das. Wieso ist alles weg? Warum ist mein Gehirn einfach offline? Ich bin dumm. Ich schaff das nie. Ich bin peinlich. Ich will hier raus."

Und das Schlimmste?
Man redet nicht drüber.
Weil keiner zeigen will, dass er schwimmt.
Jede*r tut so, als wäre alles easy – nur dein Kind denkt:
„Alle kommen klar. Nur ich nicht."

Was folgt, ist ein Gefühl, das frisst:
Nicht zu genügen.
Trotz Arbeit. Trotz Willen. Trotz Mühe.
Und das brennt sich fest.
Manchmal tiefer als jede schlechte Note.

„Warum krieg ich das nicht hin?"
„Warum bin ich so schnell überfordert?"
„Warum macht mein Kopf nicht mit, obwohl ich will?"

Du willst helfen.
Aber du kannst die Arbeit nicht für dein Kind schreiben.
Du kannst nicht mit in den Prüfungsraum.
Du kannst nicht in den Kopf rein und das Chaos sortieren.

Was du tun kannst:
Den Druck rausnehmen. Nicht immer bewerten.
Nicht immer sofort „strategisch helfen".
Sondern einfach mal da sein.

Den Raum aufmachen für diesen einen Satz:
„Ich sehe, dass du kämpfst. Und das allein macht dich stark."

Denn die Welt redet von Leistung.
Von Noten. Von Zielen. Von Zukunft.
Aber dein Kind spürt: Angst. Zweifel. Überforderung.

Und ja – es gibt Kinder, die zerbrechen daran.
Nicht, weil sie faul sind.
Sondern, weil sie zu viel fühlen. Zu viel denken.
Zu viel wollen.

Manche schreien es raus.
Andere sagen einfach nichts – und verkriechen sich unter der Decke,
wenn der nächste Test droht.

Weil jeder Fehler sich anfühlt wie eine Ohrfeige.
Weil ein Versagen in Mathe sich anfühlt wie ein Versagen als Mensch.

Und du?
Du hältst dagegen.
Mit Liebe. Mit Ruhe.

Mit dem Satz:
„Du bist nicht deine Note. Du bist du. Und das reicht."

Auch wenn dein Kind das in dem Moment nicht glaubt.
Es wird es irgendwann verstehen.
Wenn es merkt: Hier darf ich schwach sein, ohne wertlos zu sein.

Und ganz ehrlich:
Wer den Mut hat, jeden Tag in ein System zu gehen, das nur bewertet –
und trotzdem weitermacht – der ist alles.

Nur nicht schwach.

Digitale Drogen und TikTok-Tunnel

„Nur kurz am Handy" – Zwei Stunden später im Video-Loch verloren

Du fragst:

„Was machst du gerade?"

Antwort:

„Nur kurz am Handy."

Spoiler:
Du wirst dein Kind die nächsten 137 Minuten nicht wiedersehen.

Denn was folgt, ist der komplette Realitätsverlust auf Touchscreen-Basis.
Ein Video.
Dann noch eins.
Dann ein Algorithmus, der sagt:

„Komm schon, nur noch eins. Dieses hier ist noch besser."

Und BOOM:
Zwei Stunden später sitzt dein Kind im Pyjama auf dem Klo, hat fünf TikTok-Tänze gelernt, 27 Menschen beneidet und vergessen, dass es überhaupt existiert.

Das Handy ist kein Gerät.
Es ist ein Tor in ein Paralleluniversum.
Ein Ort, wo alles schöner, schneller, cooler ist.
Wo niemand sagt: *„Räum dein Zimmer auf."*
Wo es keine Mathearbeiten gibt.
Nur Likes, Challenges, Filter und das große Gefühl:
„Hier ist es besser als in meinem Kopf."

💬 *Kopfkino deines Teenagers:*
„Ich wollte nur kurz schauen. Aber plötzlich war alles da: Lachen, Spannung, Ablenkung, Schönheit, Bedeutung. Und mein Hirn hat gesagt: Bleib. Hier fühlst du dich wenigstens nicht scheiße."

Und du?
Du stehst im Flur.
Rufst. Zum dritten Mal.

„Leg das Ding weg. Es reicht."

Antwort:
Keine.
Oder ein Zischen.
Oder ein:

„OMG, du übertreibst sooo."

Du wagst dich ins Zimmer.
Licht aus.
Decke überm Kopf.
Handy unterm Kissen – Display leuchtet wie ein Alien-Baby.

Jetzt kommt der große Satz.
Der Endgegner.
Die Nuklear-Option aller Eltern:

„Handy weg. Jetzt."

Stille.
Dann Explosion.

„DU HAST MEIN LEBEN ZERSTÖRT!"

Du atmest durch.

Innerlich tobt ein Orkan.

Aber du sagst ruhig:

„Zwei Stunden sind zu viel."

„Alle dürfen das! Nur ich nicht! Ihr seid so unfair!"

„Ihr habt keine Ahnung! Das ist MEIN LEBEN!"

Und das stimmt.

Irgendwie.

Denn ja – das Smartphone ist nicht einfach Technik.

Es ist soziale Identität.

Freundeskreis.

Bestätigung.

Zuflucht.

Vergleichshölle.

Dopaminquelle.

Und manchmal einfach nur: Betäubung.

Denn es geht nicht nur um Bildschirmzeit.

Es geht um die stille Sehnsucht, kurz zu entfliehen.

Dem Stress. Dem Druck. Dem Chaos im eigenen Kopf.

Ein Video weiter. Ein Reel später.

Nur noch zehn Minuten...

Bis plötzlich zwei Stunden weg sind und du nicht mal weißt, wie.

Und ja – das ist gefährlich.

Nicht, weil dein Kind böse ist.

Sondern, weil unsere Gehirne dafür nicht gemacht sind.

Schon wir Erwachsene hängen fest.

Was glaubst du, was ein Teenagerhirn macht, das eh schon wie ein Hochhaus ohne Aufzug funktioniert?

Du versuchst zu regeln.
Mit Bildschirmzeit.
Mit Vereinbarungen.
Mit Gesprächen.

Und alles, was dein Kind hört, ist:

„Ich nehme dir die letzte Oase deiner überreizten Existenz."

Was tun?
Kämpfen.
Aber nicht wie im Krieg.
Sondern wie jemand, der weiß:
Das hier ist größer als ein Bildschirm.

Es geht nicht um Verbote.
Es geht um Balance.
Darum, etwas zurückzuholen, das dein Kind vergessen hat: Sich selbst.

Die Fähigkeit, Langeweile auszuhalten.
Zu fühlen. Zu reden.
Zu denken, ohne ständig geblendet zu werden.

Und ja – das dauert.
Es gibt Rückfälle. Eskalationen. WLAN-Kriege.
Aber du bleibst ruhig.
Konsequent.
Und manchmal:
Nutzt du selbst das Handy. Um ein Meme zu schicken.

Weil du weißt:
Wenn du sie/ihn erreichen willst, musst du auch mal durch den TikTok-Tunnel mitgehen.
Nur, um zu sagen:

„Ich seh dich. Auch wenn du grad verschwindest."

Snapchat-Beziehungen und TikTok-Therapien
Was zur Hölle passiert hier?!

Früher hattest du Schulfreunde.
Manchmal hat man telefoniert.
Vielleicht sogar einen Zettel geschrieben.
Heute?
Eine Beziehung beginnt mit einem Snap – und endet, wenn jemand zu spät reagiert.

Du fragst dein Kind:

„Wer ist eigentlich dieser XY, mit dem du dauernd schreibst?"

Antwort:

„Wir sind zusammen."

„Ach so – ihr habt euch getroffen?"

„Nee. Wir snappen halt."

Okay.
Du versuchst, deine innere Windows-95-Fehlermeldung zu unterdrücken.
Denn was früher Beziehung war – Date, Gespräche, vielleicht Händchenhalten – ist heute ein digitaler Ping-Pong:
Flammen-Emoji, Filtergesicht, Herz-Reaktion.
Alles sehr romantisch.

Und wehe, man verliert die „Snapstreak".
Wehe, jemand öffnet den Snap, aber antwortet nicht.
Wehe, der TikTok-Algorithmus spült ein Video in die Timeline, das irgendwie... shady wirkt.

Eifersuchtsalarm. Drama. Beziehungsstatus: „komplex".

💬 *Teen-Stimme:*
„Warum hat XY meinen Snap geöffnet und nichts geschickt? Ist da jemand anderes? Bin ich langweilig? Hab ich was falsch gemacht? Ich hasse alles. Ich mach einen TikTok dazu."

Ja, wirklich.
TikTok ersetzt Gespräche.
Manche Kinder reden nicht mehr über ihre Gefühle – sie teilen ein Video, das sie „beschreibt".
Ein trauriger Song. Ein Satz wie „Ich bin müde, aber niemand versteht mich".
Und wenn du fragst, was los ist, kommt:

„Ich hab doch das TikTok geschickt."

Ja. Natürlich.
Du Dummkopf.
Warum auch reden, wenn's ein Algorithmus mit melancholischem Klavier und Zeitlupe besser sagen kann?

Und dann die Selbstdiagnosen:
„Ich hab safe ADHS."
„Ich bin introvertiert-ambivertiert mit Trauma aus der Vorschule."
„Ich bin heute in meiner Depressionsphase."

Du fragst, ob sie mit jemandem reden wollen.
Ein Profi vielleicht?
Antwort:

„Ich hab ein TikTok gesehen, das hat genau erklärt, was ich hab. Die war voll real. Die kennt das."

Aha. TikTok-Therapie. Einfach. Kostenlos.

Mit Hashtags:
#mentaltired   #selfdiagnosis   #traumahealing

Du willst mitziehen. Willst verstehen. Willst nicht wieder als Boomer dastehen.

Du siehst die Videos. Versuchst dich reinzudenken.

Und ja – manche sind wirklich gut.

Echt. Ehrlich. Helfend.

Aber viele?

Sind einfach: inszenierter Bullshit mit trauriger Musik.

Und dein Kind? Sitzt da, schaut's hundert Mal, saugt jedes Gefühl auf wie ein Schwamm – und denkt:

„Das bin ich."

Ob's stimmt?

Unklar.

Ob's hilft?

Selten.

Aber es fühlt sich besser an als Stille.

Und du?

Du sitzt daneben und willst sagen:

„Komm, wir reden. Echt. Ohne Emojis. Ohne Filter. Ohne 17 Memes dazwischen."

Aber du sagst es nicht so.

Du sagst vielleicht einfach:

„Magst du mir zeigen, was dich gerade beschäftigt?"

Und wenn du Glück hast, sagt dein Kind:

„Okay. Guck mal das hier – das bin irgendwie ich."

Und DANN hast du was.

Einen Einstieg.

Ein echtes Gespräch.

Einen Bruch im Tunnel.

Weil: hinter all dem Digitalen steckt noch immer ein Mensch.
Einer, der sich sehnt. Der fühlt.
Und manchmal eben keine Worte hat – aber ein TikTok.

Kontrolle, Vertrauen und WLAN als Erpressungsmittel

Es beginnt meistens harmlos.

Du willst nur mal schauen, wie viel Zeit dein Kind eigentlich am Handy hängt.
Du öffnest die Bildschirmzeit.
Und was du siehst, ist keine Statistik – es ist ein Schock.

7 Stunden.
Heute.
Davon 3 auf TikTok.
1,5 auf Snapchat.
Der Rest? Irgendwas mit Katzen, Schmink-Tutorials und „Was dein Sternzeichen über deine tiefsten Ängste verrät."

Du atmest tief durch.
Kochst dir Tee.
Überlegst, ob du vielleicht einfach nie wieder nachschaust.
Oder... ob du jetzt durchgreifst.

„Okay, ich setz jetzt Limits."
„Ich will doch nur, dass du nicht verblödest."

Was folgt, ist kein Gespräch.
Es ist Krieg.

„WAS?!"
„WLAN weg?! ERNSTHAFT?!"
„Ihr seid SO KONTROLLIEREND!"
„ICH HAB EUCH GEHASHTAGT – ICH SCHWÖR!"

Du sagst:

„Ich will dich nicht kontrollieren. Ich will, dass du nicht in dieser Sucht untergehst."

Antwort:

„DU VERTRAUST MIR NICHT!"

Boom.
Jetzt sind wir da.
Vertrauen. Kontrolle. Die große Zerreißprobe.

Und ja – du willst vertrauen.
Wirklich.
Aber du bist nicht naiv.
Du siehst, wie dein Kind verschwindet.
Wie das Reale weniger wird.
Wie Stimmungsschwankungen bei leerem Akku schlimmer sind als bei einer Mathearbeit.

Und du fragst dich:
Wo ist die Grenze zwischen Schutz und Übergriff?
Wie viel Kontrolle braucht ein Kind? Und wie viel Freiheit überfordert es?

Du versuchst es mit Gesprächen.
Grenzen.
Erklärungen.
Aber irgendwann – irgendwann ziehst du den Stecker.

Router aus. WLAN tot. Stille im Haus.

Und dann... Stille im Flur.
Im Zimmer.
Überall.

„Mama/Papa... war das dein Ernst?"
„Du willst doch nur Macht über mich."
„Du zerstörst mein soziales Leben!"

Und irgendwo, ganz leise, fragst du dich selbst:
„Bin ich gerade Erzieher – oder Diktator?"

💬 *Innerer Monolog deines Teenagers:*
„Ich weiß, dass ich zu viel am Handy häng. Aber du darfst mir das nicht einfach wegnehmen. Das ist MEINE Welt. Mein Ding. Wenn du's mir wegnimmst, sagst du: Ich vertrau dir nicht. Und das tut mehr weh als jedes Limit."

Die Kunst ist, nicht nur Grenzen zu setzen – sondern Verständnis zu zeigen, ohne alles durchgehen zu lassen.

Du willst Vertrauen schenken – aber nicht blind.
Du willst Freiraum geben – aber nicht, wenn dein Kind sich darin selbst verliert.
Und genau da liegt der schmale Grat, auf dem du als Elternteil täglich balancierst.

Was hilft?

- Regeln MIT deinem Kind, nicht GEGEN dein Kind.

- Zeiten, die gemeinsam festgelegt werden.

- Räume, wo kein Handy erlaubt ist – für ALLE. (Ja, auch für dich!)

- Offene Gespräche über Abhängigkeit, Stress, Druck.

- Und manchmal: das ehrliche Eingeständnis, dass du selbst suchtest.

Denn nichts wirkt stärker als:

„Ich versteh dich. Ich kenn das. Lass uns da zusammen rausfinden.“

Und wenn du dann wieder WLAN gibst – nicht als Gnade, sondern als Vertrauen – dann passiert vielleicht eines Tages dieser Moment:

Dein Kind gibt das Handy von sich aus weg. Sagt:

„Ich brauch mal kurz Pause.“

Und du weißt:
Du hast nicht nur Kontrolle ausgeübt.
Du hast Richtung gegeben.
Und das ist viel mehr.

Freunde, Cliquen, Außenseiter

Die Clique ist alles – und du bist peinlich by default

Es beginnt mit einem Satz.
Ein einfacher, harmloser Satz, den du mit deiner süßesten Stimme sagst:

„Na, wie heißt denn dein neuer Schulfreund?"

Fehler. Groß. Unverzeihlich.
Denn dein Kind dreht sich um, Augen verdreht, Stimmlage auf ätzend-genervt:

„Oh mein Gott, kannst du einfach mal nicht ALLES kommentieren?!"

Du?
Hast gefragt. Höflich.
Aber du hast dich eingemischt in das Universum der Clique – und das geht gar nicht.
Denn ab sofort gilt:

Freundeskreis = heiliger Boden
Eltern = cringe as fuck

Willkommen in der sozialen Arena der Pubertät.
Hier geht's nicht um „Wer bist du?" – sondern um:
„Wozu gehörst du?"

Denn jetzt zählt nicht mehr, was du tust.
Sondern wer dich sieht, wenn du's tust.
Wer dich liked.
Mit wem du abhängst.
Und – noch viel wichtiger – wer NICHT mit dir gesehen wird.

Kleiner Spoiler:
Du gehörst zur zweiten Kategorie.

💬 *Innerer Teenie-Monolog:*
„Ich liebe meine Eltern ja. Also irgendwie. Aber wehe, sie reden mit meinen Leuten. Oder lachen. Oder atmen laut. Oder existieren in meiner Nähe."

Dein Job als Elternteil ist ab jetzt: unsichtbar sein.
Aber präsent.
Aber nicht auffällig.
Aber interessiert.
Aber NICHT ZU INTERESSIERT!
Und für den Himmel: niemals lächeln oder winken.

Du bringst dein Kind zur Schule?
Halte Abstand.
Fahr am besten 100 Meter vor dem Eingang rechts ran.
Lass es aussteigen, ohne es anzusehen.
Vermeide Augenkontakt mit anderen Teenagern.
Und geh sofort in den Rückwärtsgang.
Schnell. Bevor du zum TikTok-Meme wirst.

Denn die Clique ist jetzt alles.
Freunde sind Identität.
Die Gruppe sagt:

„Du bist okay."
Oder:
„Du bist raus."

Und für dein Kind ist das lebenswichtig.
Mehr als Mathe.

Mehr als Abendessen.
Mehr als du.

„Alle gehen da hin."
„Alle haben das."
„Alle machen das so."

Klingt wie Standardphrasen – aber für dein Kind ist das pure Realität.
Weil allein zu sein, nicht dazuzugehören, ausgelacht zu werden?
Ist die Apokalypse in Hoodieform.

Und du?
Wirst plötzlich zur Witzfigur.
Ob du willst oder nicht.
Du atmest falsch.
Du sprichst zu laut.
Du sagst „cool" – und schon ist die Woche gelaufen.

Du bist per Definition: uncool.
Deine Existenz?
Peinlich.
Deine Kleidung?
Verbrechen gegen die Mode.

Und trotzdem brauchst du jetzt eins: dickes Fell.
Und ein bisschen Humor.
Weil, so hart es klingt: Du bist gerade nicht die Hauptperson.
Die Bühne gehört den Gleichaltrigen.
Den Gruppen.
Den Meinungen von XY aus der 8b.
Dir bleibt nur: Backstage.
Bereit, den Vorhang zu halten, wenn die Show vorbei ist.

Denn so sehr dein Kind dich ablehnt – es guckt trotzdem, ob du da bist.
Ob du verstehst, warum diese WhatsApp-Gruppe gerade wichtiger ist als
Weltpolitik.

Warum dieses eine Treffen nicht „vielleicht morgen" geht, sondern
JETZT ODER NIEMALS.

Und wenn du das aushältst –
ohne zu urteilen,
ohne dich einzumischen,
ohne dich zu beleidigt zurückzuziehen –
dann weiß dein Kind:
Da ist jemand. Der bleibt. Auch wenn er peinlich ist.

Plötzlich allein
Wenn Freundschaften zerbrechen und keiner drüber redet

Erst waren sie unzertrennlich.
BFF. Soulmate. Lifeline.
Man kannte sich seit der Grundschule. Hatte zusammen gelacht, ge-
weint, gecornflakes't.
Und dann – ganz plötzlich – ist da: Stille.

Kein Chat. Keine Snaps.
Keine Emojis mit Herzchenaugen.
Nur noch... „Gesehen."

„Die hat sich total verändert."
„Er schreibt nur noch mit den anderen."
„Ich glaub, ich bin einfach raus."

Und du als Elternteil?
Merkst es oft zu spät.
Du fragst:

„Und? Triffst du dich heute mit XY?"
Und bekommst:
„Nö. Kein Bock."

Aber du spürst:
Das ist nicht „kein Bock".
Das ist: verletzter Stolz in Tarnkappe.

Denn in der Welt deines Kindes ist Freundschaft nicht nur Freundschaft.
Sie ist Überlebensstrategie. Schutzschild. Identitäts-Stütze.
Wenn die wegbricht, bricht alles.

Und das Krasseste daran?
Niemand redet drüber.
Keine offizielle Trennung.
Kein Streitgespräch.
Kein *„Es liegt nicht an dir, es liegt an mir."*
Nur dieses schleichende:
Nicht mehr da sein.

💬 *Innerer Monolog deines Teenagers:*

„Was hab ich falsch gemacht? Bin ich uncool geworden? Hab ich zu viel geschrieben? Oder zu wenig? Hassen die mich? Lachen die über mich? Hab ich's verkackt und keiner sagt's mir?"

Und du willst helfen. Mit Rat. Mit Trost. Mit Sätzen wie:

„Freunde kommen und gehen."
„Wahre Freundschaft übersteht sowas."
„Vielleicht hat's einfach nicht gepasst."

Aber dein Kind hört:
„Du checkst es nicht. Halt einfach die Klappe."

Weil dieser Schmerz echt ist.
Weil dein Kind sich fragt:
„Wer bin ich, wenn ich nicht dazugehöre?"

Und plötzlich kommen die Rückzüge.
Das Schweigen.
Die Netflix-Dauerbeschallung.
Das Sich-Einschließen.
Nicht, weil dein Kind bockig ist – sondern weil es sich selbst sortieren muss, ohne Anleitung.

Was kannst du tun?

Nicht therapieren.
Nicht analysieren.
Nicht gleich Lösungen vorschlagen.

Nur da sein.

Ein Tee.
Ein stilles Dabeisitzen.
Ein:

„Tut's weh? Dann lass es weh tun. Ich bin da."

Und irgendwann – vielleicht nicht heute, vielleicht nicht morgen – kommt ein leiser Satz:

„Ich glaub, ich vermiss XY."

Und dann weißt du:
Da ist noch was.
Ein Rest.
Ein Anfang.
Ein Gefühl, das raus will – wenn es Raum bekommt.

Denn Freundschaften in der Pubertät sind wie Sandburgen bei Flut:
Groß, stolz, wunderschön –
und manchmal in einer Welle einfach weg.

Aber dein Kind?
Lernt. Wächst.

Findet neue Menschen.
Andere Verbindungen.
Echte.

Und du?

Du bist der sichere Ort, wenn alles andere wackelt.

Zwischen Gruppenzwang und echter Verbindung
Wer bist du, wenn keiner zuschaut?

Die Frage stellt dein Kind dir nicht direkt.
Aber du spürst sie.
In Blicken.
In Reaktionen.
In Momenten, wo du denkst:
„Moment, so warst du doch gar nicht."

Weil da plötzlich andere Wörter fallen.
Ein anderer Ton.
Ein Verhalten, das du aus Filmen kennst, aber nicht aus deinem Wohnzimmer.

Und du fragst dich:
„Ist das mein Kind – oder ist das gerade eine Rolle?"

Spoiler:
Beides.

Denn in der Pubertät wird getestet.
Gehör ich dazu? Wenn ja: Was muss ich dafür tun?
Wenn nein: Was stimmt mit mir nicht?

Und weil niemand ausgeschlossen werden will, passiert das, was alle Eltern irgendwann beobachten:

Anpassung.
Sprache, Kleidung, Meinung, TikTok-Humor, politische Ansichten, Musik-geschmack, Mimik – alles anpassbar.

Alles austauschbar.
Hauptsache: nicht auffallen. Nicht rausfliegen. Dazugehören.

💬 *Innerer Kampf im Teenie-Kopf:*
„Ich will dazugehören. Aber ich will auch ich sein.
Ich will sagen, was ich denke. Aber was, wenn die anderen dann gehen?
Ich will echt sein – aber was, wenn echt zu viel ist?"

Du fragst:

„Gefällt dir das wirklich – oder magst du's nur, weil XY es mag?"

Und bekommst:

„Boah, du verstehst gar nichts!"

Weil dein Kind das selbst noch nicht weiß.
Es probiert. Tastet. Testet.

Und manchmal – sorry, aber ist so – verstellt es sich.
Nicht, weil es lügen will.
Sondern, weil Identität gerade „Work in progress" ist.

Ein Testlauf.
Mit Feedbackschleife.

Und du?
Willst schreien:

„DU BIST DOCH SCHON GENUG! Warum versuchst du, jemand anderes
zu sein?!"

Aber was du sagen kannst – wirklich sagen kannst – ist viel simpler:

„Ich mag dich. Auch, wenn du anders bist. Gerade dann."

Denn dein Kind braucht jetzt keine Vorwürfe.
Sondern einen sicheren Ort, an dem „echt sein" nicht wehtut.

Die Welt da draußen ist voll von Codes:
Sei cool. Sei lustig. Sei hart. Sei besonders – aber nicht zu besonders.
Sei laut, aber nicht nervig.
Sei schön, aber nicht eingebildet.
Sei beliebt. Irgendwie.

Und wer das nicht schafft? Kriegt keine Likes. Wird ignoriert.
Oder im schlimmsten Fall: zum Schatten.

Aber echte Verbindung?
Die passiert, wenn dein Kind nicht performen muss.
Wenn es einfach da sein darf – ohne Rolle, ohne Style, ohne Soundtrack.
Und vielleicht – ganz vielleicht – erkennt es dann, wer es eigentlich ist.
Was es will.
Was es mag.
Und: Wer bleibt. Auch wenn der Filter mal aus ist.

Dein Job?

-   Nicht urteilen.
-   Hinhören.
-   Aushalten, wenn dein Kind sich selbst nicht kennt.
-   Loben – für Mut, nicht für Anpassung.

Denn irgendwann wird dein Kind sich selbst im Spiegel anschauen –
und nicht fragen:

„Wer mag mich?"
Sondern:
„Mag ICH mich?"

Und wenn du dann sagen kannst:

„Ich mochte dich die ganze Zeit."

Dann hast du mehr getan, als jeder Like es je könnte.

Erste Liebe, erster Herzschmerz

Händchenhalten, Hormonrausch und totales Gefühlschaos

Erinnere dich mal zurück:
Du warst auch mal jung.
Da gab's auch Herzklopfen. Da war's auch romantisch. Vielleicht ein Brief.
Ein Duft. Ein Picknick mit Schweißausbruch.

Aber heute? Heute läuft das anders.
Heute passiert Liebe per Snapchat – und Herzschmerz per GIF.

Und du?
Du bist dabei.
Nicht als Hauptrolle.
Nicht mal als Statist.
Du bist der Typ im Hintergrund, der das WLAN zahlt, während dein Kind sich fragt, ob das vibrierende Emoji von XY ein echtes Gefühl war.

Und plötzlich... ist da jemand.
XY.
Du bekommst den Namen nicht richtig gesagt.
Du schreibst ihn falsch.
Du sagst:

„Ach, ist das dein Freund? Oder Freundin? Oder... äh... Bekannter?"

Und dein Kind antwortet mit einer Mischung aus Ekel, Panik und Verachtung:

„Boah! Sag sowas nie wieder!"

Fehlerquote: 100%. Trefferchance: 0%.
Du bist draußen.

💬 *Innerer Monolog deines Teenagers:*
„Okay, ich liebe diese Person. Ich meine: LIEBE. Nicht so 'n Kinderscheiß. Richtig. Für immer. Die sollen's einfach akzeptieren. Ich hab den tiefgründigsten Crush des Jahrhunderts. Und wenn das nichts wird, fall ich in ein schwarzes Loch aus Traurigkeit und TikTok-Videos mit trauriger Klaviermusik."

Das erste Händchenhalten ist wie eine Atomexplosion im Herzbereich.
Ein Mini-Kontakt – und BOOM:
Körperliche Überforderung.
Lachkrämpfe. Herzrasen.
Unkontrolliertes Glotzen auf das eigene Handy im Zwei-Sekunden-Takt.

Und du?
Willst mitreden. Willst vielleicht sagen:

„Ach, die erste Liebe..."

STOPP.
DAS WAR'S. DER TOD. DER VERLUST. DEIN GESICHT IST AB SOFORT GEÄCHTET.

Denn: DU. HAST. ES. BANALISIERT.

Du versuchst, vorsichtig zu sein.
So ganz zart:
„Na... du strahlst heute aber...?"

Antwort:
„OMG HALT EINFACH DIE FRESSE!"

Und du stehst da. Mit einem Lächeln, das in sich zusammenfällt wie ein schlecht gebautes Kartenhaus.
Weil du's gut meintest.
Aber du hast nicht verstanden, dass das hier keine Schwärmerei ist.
Das ist Titanic. Romeo und Julia. Twilight – nur echter.

Und dann... kommt der Tag.
Der Soundtrack wechselt von „Kuss-Emoji" zu „zerstörte Seele im Loop."
Stille.
Augenringe.
„Ich hab nix."
Kein Hunger.
Kein Lächeln.
Kein WLAN reicht aus, um das zu fixen.

Du fragst:
„Was ist los?"

Antwort:
„Gar nix. Lass mich einfach."

Übersetzung:
Herz gebrochen. Komplett.
Und du sollst es spüren.
Aber nichts sagen. Gar nichts.
Außer vielleicht irgendwann mal:

„Soll ich was Süßes holen?"

Wenn du Glück hast, kommt dann nur ein:

„Was mit Schoko."

Und DAS, mein lieber Elternmensch, ist dann: emotionale Wiedereinladung.
Ein Lebenszeichen.
Ein Mini-Neuanfang.
Ein Zeichen: Du darfst wieder ins Bild.

Denn egal, wie sehr du peinlich bist – du bist der Mensch, der still daneben sitzt, wenn der Chatverlauf Tränen produziert.

Du bist der, der das Handy lädt, während dein Kind zu zerbrechen glaubt.
Du bist die einzige Konstante, wenn die erste Liebe geht – und das Gefühl bleibt: *„Ich bin allein."*

Aber du bist da.

Und manchmal – in einem ganz kleinen Moment – sagt dein Kind leise:

„Es hat echt wehgetan."

Und dann weißt du:
Der Herzschmerz ist real.
Und du darfst trösten. Ohne zu kleinzureden. Ohne zu belehren.
Einfach mit einem Satz wie:

„Ich weiß. Und trotzdem wird's irgendwann wieder schön."

„Niemand hat je so geliebt wie ich" – Willkommen im Shakespeare-Modus

Du hast es schon gespürt.
Das Leuchten in den Augen.
Diese Mischung aus Nervosität, zu viel Deo und dem ständigen Grinsen ins Handy.

Und dann kommt der Satz – legendär, mit Pathos, als wäre das Universum stehengeblieben:

„Das ist anders diesmal.
Das ist nicht wie bei euch damals.
Das ist WIRKLICH."

Und du?
Willst sagen:

„Ja, Schatz, das fühlt sich jetzt so an…"

FEHLER.

Du hast gerade den unverzeihlichen Eltern-Move gemacht:
Du hast die Einmaligkeit angezweifelt.

💬 *Monolog im Shakespeare-Modus (ungefiltert):*
„Wir verstehen uns ohne Worte.
Er*sie ist mein Zuhause.
Ich will niemand anderen mehr.
Wenn das vorbei ist, dann will ich gar nichts mehr.
Ich werd nie wieder so fühlen.
Das ist nicht Teenie-Scheiß – das ist Schicksal."

(dramatische Musik setzt ein)
(WhatsApp-Profilbild wird zum Altar)
(die Eltern sind ab jetzt nur noch störende Hintergrundstatisten)

Und ja: Es ist süß.
Und ja: Es ist auch ein bisschen irre.

Aber weißt du was?
Für dein Kind ist das gerade die Realität.
Der Hormoncocktail im Kopf hat jetzt nicht nur Pubertät gemixt – sondern gleich noch 'ne große Liebesgeschichte geschrieben, in der du nicht der Autor bist.

Du bist maximal der Barkeeper mit traurigem Blick, der am Rand steht und denkt:
„Ich geb dir noch 3 Wochen."

Aber sag das bloß nicht laut.
Denn: Drama-Level = hochgefährlich.

Und irgendwann, wenn es kriselt – weil jemand *nicht zurückgeschrieben hat* oder *ein anderes Reel geliked hat* – kommt der Absturz.

Von „er/sie ist meine Seelenhälfte" zu „Ich hasse ihn/sie, aber ich kann nicht ohne" innerhalb eines einzigen Montags.

Tränen. Schniefen.
Blick ins Leere.

Der Klassiker:

„Niemand versteht das. Niemand hat jemals so geliebt wie ich.
Ihr hattet keine Ahnung, was echte Gefühle sind. Ihr seid alt."

Du willst lachen. Oder weinen. Oder beides.

Stattdessen sagst du sowas wie:
„Möchtest du was essen?"

(Entspricht der Universalformel für: Ich bin da, ohne deinen Shakespeare-Moment zu entehren.)

Denn egal, wie übertrieben es wirkt – das Gefühl ist echt.
Nicht logisch.
Nicht ausgewogen.
Aber ECHT.

Und das ist das, was du als Elternteil verstehen musst:
Die Emotionen sind keine Show.
Sie sind nur ungebremst.
Ungefiltert.
Unglaublich groß.
Und manchmal so tief, dass dein Kind nicht weiß, wo oben ist.

Also was tun?

- Drama ernst nehmen.
- Trotzdem nicht mitspielen.
- Nicht sagen: „Ach, das geht vorbei."
- Lieber sagen: „Dann ist es wohl gerade richtig schwer. Ich bin hier."
- Und ja – manchmal auch Shakespeare mitspielen:
  „Wirklich tragisch. Zwei Seelen, voneinander getrennt durch einen
  gelikten TikTok-Kommentar."

Mit einem kleinen Lächeln.

Denn: Humor hilft.
Immer.

Und irgendwann – nach dem fünften Herzchat, nach dem siebten Tagebuch-zitat, nach der zehnten Träne auf dem Sofakissen – kommt dieser Satz:

„Vielleicht war's doch ein bisschen viel."

Und du nickst einfach nur. Weil du weißt:

Die große Liebe hatte ihre Bühne.
Und dein Kind kommt langsam wieder zurück.
In deine Nähe.
Wo Liebe ganz still sein darf.

Wenn's endet:
Taschentücher, Weltuntergang und der Versuch, nicht zu lachen

Es kommt nie angekündigt.
Kein Countdown.
Kein sanftes Auslaufen.

Sondern: „Wir sind auseinander."

Zack. Kalte WhatsApp. Ein 💔.

Oder noch schlimmer: Gar nichts. Einfach Ghosting.
Stille.

Und du weißt: Jetzt geht's los.

Tür knallt. Handy fliegt aufs Bett.
Musik an – traurig. Immer dieselbe. In Dauerschleife.
Und dann, aus dem Off:
„ICH WERD NIE WIEDER LIEBEN!!!"

Du stehst im Flur.
Mit einem Arm voller Wäsche.
Und dem inneren Wunsch zu schreien:

„HALT! STOPP! Du bist 14!"

Aber du sagst natürlich:

„Oh, Schatz... brauchst du was?"

Und dann passiert's.
Der Satz. Der ultimative.
So voller Schmerz, dass du fast weinst – vor Rührung oder wegen der Dramatik, du weißt es selbst nicht mehr.

„Niemand versteht, wie sehr das weh tut. Das war ECHT! Das war ALLES!
Und jetzt... ist es vorbei! Ich KANN nicht mehr!"

💬 *Inneres Elternreaktionssystem aktiviert:*

Stufe 1: Mitleid.
Stufe 2: Erinnerungen an die eigene erste Love-Cringe.
Stufe 3: Lachreiz.
Stufe 4: Kontrolle. Du darfst NICHT lachen.
Stufe 5: Trösten. Professionell. Ohne ironische Augenbraue.

Du setzt dich ans Bett.
Bietest Schokolade an.
Schaust auf den zerknüllten Hoodie, das verheulte Gesicht, das Handy mit gebrochenem Display (war „aus Versehen" gegen die Wand geflogen).

Und du willst was sagen wie:
„Du bist jung, das geht vorbei..."

STOPP. Stopp!
Willst du sterben?! Das ist der absolute Totschlagsatz. Das ist wie:

„Ach komm, stell dich nicht so an."

Was du stattdessen sagst – mit sanfter Stimme:

„Jo, krass. Das war... viel. Das darf jetzt auch weh tun. Ich hab zwar keine
Ahnung von nix – aber ich bin da."

BÄM.
Respekt-Level: gestiegen.
Du hast es durch die erste Welle geschafft.

Die nächsten Tage sind eine Mischung aus:

- trauriger Musik
- langen Blicken aus dem Fenster
- plötzlichen Wutausbrüchen auf das WLAN
- dem Bedürfnis, alles zu löschen – und dann doch wieder zu stalken
- „Ich will nie wieder jemanden"
- und 7 Stunden TikTok über toxische Exes

Du versuchst zu helfen.
Machst vielleicht einen Witz.
So ganz vorsichtig.
Vielleicht:

„Also, ich fand deine Beziehung zu deiner Zahnbürste emotionaler..."

TÖDLICH.
Du lachst = du stirbst.
Lachen verboten.
Nicht mal in der Augenbraue.

Denn dein Kind ist im Tal.
Und du bist nur Gast.
Ein Gast, der bitte Respekt vor der Trauerkultur hat, auch wenn die Beziehung nur 2 Wochen lang war und sich nie jemand live gesehen hat.

Aber weißt du was?
Das gehört alles dazu.
Der ganze Schmerz.
Das Drama.
Die Musik, die du nie wieder hören willst.
Das ist echtes Fühlen.
Das ist das erste Mal „Herz kaputt" – ohne Ersatzteil.

Und irgendwann – wenn die Tränen getrocknet sind, die Playlist wieder Beats enthält und der Instagram-Feed neu kuratiert wurde – kommt dein Kind vielleicht zu dir.

Ganz leise.

Ganz vorsichtig.

„Ich glaub, es ist okay, dass es vorbei ist."

Und du sagst:

„Ja. Und du bist immer noch ganz."

Eltern nerven – fast immer

Warum du auf einmal peinlicher bist als ein Furz im Fahrstuhl

Die Verwandlung passiert schleichend.
Du merkst es zuerst auf dem Schulweg.

Früher durftest du dein Kind noch bis zum Tor bringen.
Dann nur noch bis zur Ecke.
Dann nur noch:
"Fahr einfach weiter. Nicht bremsen. Nicht schauen. NICHT ATMEN."

Du denkst, es ist ein Scherz.
Ist es nicht.

Plötzlich bist du zu laut.
Zu nett. Zu witzig.

Oder – und das ist der Klassiker – du existierst zur falschen Zeit am falschen Ort. Und das reicht. Vollkommen.

💬 *Teenager-Denkmatrix:*
„Wenn meine Eltern reden, sterben Synapsen.
Wenn sie lachen, will ich in einen Mülleimer ziehen.
Wenn sie meine Freunde begrüßen – bitte holt mich ab, ich bin bereit zu gehen."

Du sagst sowas wie:
„Na…, alles cool bei euch?"

Was du meinst:
Ich zeige höfliches Interesse.

Was dein Kind hört:
„Ich möchte dich öffentlich ruinieren und deinen sozialen Status löschen."

Du machst Witze, wie früher.
Vielleicht ein cooler Wortwitz.
Ein bisschen Ironie.
Du bist stolz.

Reaktion:
Augenrollen.
Tiefes Seufzen.
Ein halbes „Oh mein Gott" mit Todesblick.

„Bitte hör auf zu reden wie ein Boomer, okay?!"

BÄM.
Ego gelöscht.
Lustigsein gecancelt.

Und wehe du tanzt.
Irgendwo.
Auch nur mit einem halben Fuß.
Auf einer Familienfeier.
Oder – Gott bewahre – im Supermarkt, wenn dein Lieblingssong läuft.

Dein Kind schaut dich an, als würdest du gerade nackt „Macarena" tanzen.
In Flammen. Auf TikTok.
Mit Hashtag #CringeDesTodes

Fun Fact:
Selbst, wenn du einfach nur atmest, kann das zum Problem werden.

„Du atmest so laut!"
„Das ist mein Sauerstoff! Ich brauch den!"

Du: *„WILLST DU DASS ICH ERSTICKE?!"*

Und dein Kind denkt kurz drüber nach.

Du könntest jetzt traurig sein. Oder beleidigt. Oder wütend.
Oder dir ein T-Shirt machen lassen mit dem Aufdruck:

„Peinlich seit 2008 – und stolz drauf."

Aber ganz ehrlich? Es ist ein Zeichen.

Dein Kind grenzt sich ab.
Will cool sein. Selbstständig. Eigenständig.
Nicht du in klein – sondern ICH in groß.

Und dafür... musst du halt nerven.
Weil sonst wärst du ja einer von „denen".
Und „die" sind nicht die Eltern. Die sind die mit Ahnung.
Und das geht nicht.

Du bleibst da.
Du lachst leise, wenn du wieder mal „sooo peinlich" warst.
Du ziehst dich zurück, wenn dein Kind es braucht – aber bleibst nah,
wenn's zusammenbricht, weil die Welt halt doch manchmal härter ist als
dein schlechter Humor.

Und irgendwann – irgendwann kommt vielleicht dieser Moment.
Ein halbes Lächeln.
Ein „Du bist zwar peinlich, aber... schon okay irgendwie."

Dann weißt du: Mission erfüllt.

Gute Absicht, schlechter Zeitpunkt – und das täglich.

Du hast es gut gemeint.
Du warst höflich, nett, zugewandt.

Du hattest sogar eine Idee. So ganz vorsichtig:
„Hey, wenn du magst, helf ich dir gleich bei den Bio-Vokabeln."

Was du dachtest, was passiert:
Dankbarkeit. Ein Lächeln. Vielleicht ein leises „Danke".

Was du kriegst:
„Alter, WARUM kommst du GENAU JETZT mit sowas?!
Ich hab GERADE voll den Kopf voll!"

Herzlichen Glückwunsch!

Du bist der neue Antiheld der Tagesplanung.

Du bringst einen Tee?
„Ich hab grad KEINEN BOCK auf Tee! Warum hörst du nie auf mich?!"

Du fragst, ob du was Gutes kochen sollst?
„Boah, wieso machst du IMMER so ein Drama um Essen?!"

Du willst ein Kompliment machen?
„Wieso redest du so komisch?! Hast du was vor?!"

Egal was du tust – es ist falsch. Immer.
Du bist der Mensch, der IMMER zur falschen Zeit das Richtige will.
Oder das Falsche richtig. Oder das Richtige falsch.
Ist auch egal – du bist der Timing-Trottel im Teenie-Leben.

😶 Teenage-Taktiksystem:

06:00	*schlafen*
07:30	*müde*
12:00	*hungrig*
16:00	*überfordert*
18:00	*„Ich red nicht"*
20:00	*„Jetzt will ich aber über mein Leben reden"*
22:00	*„Kannst du mir helfen? Ach nee, du checkst's eh nicht."*

Du versuchst es trotzdem.
Mit Nachsicht. Mit Liebe.
Mit einem Kalender voller innerlicher „Jetzt wäre ein guter Moment...“

Du willst einen Ratschlag geben.
Ganz vorsichtig.
Mit Empa-
thie.
Mit Herz.

„Ich weiß, wie schwer das grad ist, aber—“

ZACK. Game Over.

„Du weißt GARNIX! DU bist nicht ICH! Hör auf, so zu tun, als ob du jemals ein Leben hattest!!“

Es ist wie beim Angeln im Haifischbecken.
Du wirfst den Haken aus. Hoffst auf Verbindung.

Und dann kommt ein 3-Meter-Pubertäts-Biest und frisst deine Angel –
mit Arm.

Und trotzdem – du hörst nicht auf.
Du versuchst es morgen wieder. Und übermorgen.

Denn irgendwann... passiert das Gegenteil.

Dein Kind steht plötzlich da.
Ohne Ankündigung. Ohne Drama.

Und sagt: *„Hast du grad kurz Zeit?“*

Und DU?

Vergisst alles.
Vergisst die Türknaller, die Vorwürfe, die fünfmal abgelehnten Tees.

Weil DU gewartet hast. Bereit. Und nicht weggelaufen bist.

Denn genau darum geht's:

- Du bist die ständige Einladung zur Verbindung.
- Auch wenn sie täglich abgelehnt wird.
- Und irgendwann – wenn das Timing stimmt – sagt dein Kind:
  „Gut, dass du da bist."

Anerkennung? Kommt irgendwann. Vielleicht. Später.

Du hast es durchgezogen.

Die ersten 14 bis 17 Jahre.

Mit Liebe, Geduld, Nachtschichten, Spucktüchern, Erklärungen zu „Wer war Hitler?", plötzlichen Mathekrisen um 22:48 Uhr, WLAN-Drama und den emotionalen Totalschaden nach Snapchat-Trennungen.

Und jetzt, wo dein Kind langsam checkt, dass das Leben kein 24/7-Buffet mit WLAN ist... jetzt könntest du dir eigentlich mal eine klitzekleine Prise Anerkennung gönnen, oder?

So ein:
„Ey, danke, dass du nicht durchgedreht bist, als ich dich mit einer Karotte beworfen habe."
Oder:
„Stimmt, du warst gar nicht immer peinlich. Nur oft."

Aber stattdessen kommt... nichts.

Außer vielleicht:

„Kannst du mich zum Bahnhof fahren?"
„Ich brauch Geld für Kunstunterricht. Und was zu essen."
„Boah, Mama, hast du mein schwarzes Shirt gesehen? Das mit dem Loch, das ich liebe?!"

💬 *Innerlich bei dir:*
„Ich habe dich in die Welt gesetzt.
Ich habe dir beigebracht, wie man löffelt.
Ich habe deine Popel ignoriert und dich trotzdem geliebt.
Ich habe deine Wäsche gemacht. Trotz deiner Musik. TROTZDEEEEM.
EINMAL. Nur ein einziges Mal… sag doch: ‚Danke.'"

Aber nope.
Nicht heute.
Nicht morgen.
Vielleicht nie.

Oder – und das ist das fiese:
Ganz leise.
Ganz spät.
Und meistens: nicht direkt zu dir.

Du hörst von Dritten:

„Ach, dein Kind hat neulich in der Schule erzählt, dass du echt cool bist."

Und du so:

„BITTE WAS?!"

Oder du siehst zufällig einen Text – ein Schulprojekt, ein Insta-Post – und da steht was von:

„Meine Eltern haben mich immer unterstützt, auch wenn ich schwierig war."

Und plötzlich hast du Tränen in den Augen.

Weil das die Anerkennung ist, auf die du nie gehofft hast – aber auf die du heimlich gewartet hast.

Denn:

Du bist nicht der Star in diesem Film.

Du bist die Crew. Der Kameramensch. Der/die Lichttechnikerin.

Der Pausenclown, der still das Licht hält, wenn die Hauptfigur mal wieder den Text vergisst.

Und irgendwann – wenn der Vorhang fällt, die Pubertät ausbrennt, die Stimme tiefer und der Blick ruhiger wird – dann sagt dein Kind vielleicht leise:

„Du warst voll oft peinlich. Aber... ich wusste immer, dass du da bist."

Und das ist mehr als jeder Preis.

Mehr als Applaus.

Mehr als ein „Danke".

Das ist echtes Eltern-Gold.

Du hast's durchgehalten.

Ohne Standing Ovations.

Ohne Dankesrede.

Aber mit Liebe. Mit Nerven aus Titan.

Und mit dem Wissen:

Anerkennung kommt.

Langsam. Klein.

Manchmal nur als Blick.

Aber sie kommt.

Irgendwann. Vielleicht. Später.

Und du?

Wartest nicht darauf.

Aber wenn sie kommt... dann schmeckt sie besser als jede verdammte Fünf in Mathe ausgeglichen mit einer Eins in „Sozialverhalten".

Der tägliche Kampf um Grenzen

„Weil ich es sage" funktioniert exakt gar nicht mehr.

Früher war's einfach.

Du hast gesagt:
„Gib mir die Schere!"

Und dein Kind hat dir die Schere gegeben.

Du hast gesagt:
„Kein Nachtisch, wenn du nicht aufisst."

Und dein Kind hat den Brokkoli runtergewürgt wie ein Soldat im Ernährungs-Krieg.

Heute sagst du sowas wie:
„Bitte bring den Müll raus."

Und bekommst:
„Und WARUM eigentlich ICH?! Warum IMMER ich?! Ich wohne hier GAR NICHT RICHTIG!!"

Und du denkst:
Okay. Wir haben's verloren.
Die Kontrolle. Die Würde. Die Mülltonne.

Denn dein Status als nicht hinterfragbare(r) Oberbefehlshaber(in) ist endgültig Geschichte.

Du bist jetzt nicht mehr Chef*in.

Du bist... Vorschlagswesen mit begrenztem Einfluss.

💬 *Teenie-Business-Mindset:*
„Wenn du keine Quellenangabe hast, kein Gesetz zitieren kannst oder deine Regel nicht wenigstens auf einem internen Familienvertrag basiert – dann ist sie nicht gültig."

„Weil ich es sage." = Argumentations-Suizid.

Du versuchst es mit Logik:

„Ich arbeite auch viel. Ich koche. Ich putze. Ich mache ALLES.
Du kannst doch bitte…—"

Antwort:

„Ja, aber DU bist erwachsen. Ich nicht. Also unfair."

Du versuchst es mit schlechtem Gewissen:

„Weißt du, was meine Omas über mich gesagt hätten, wenn ich—"

Antwort:

„Ja, das war halt früher. Da war alles schlimmer. Jetzt ist das hier ja nicht Nordkorea."

Du stehst da.
Mit deiner Argumentation.
Mit deinem müden „Ich will doch nur, dass du Verantwortung lernst"-Gesicht.

Und kriegst zurück:
„Ich bin eh nie gut genug. Ihr seid nie zufrieden. Ich mach sowieso ALLES falsch."

Plot Twist:
Du bist vom Diktator zum Schuldigen geworden.
In unter 30 Sekunden. Ohne vorherige Anhörung.

Du willst Regeln durchsetzen.
Du brauchst sie ja auch!
Nicht, weil du gerne Spielverderber bist – sondern weil du verhindern willst, dass dein Kind irgendwann denkt:

„Regeln sind nur was für Leute ohne Internetzugang."

Aber der Weg dahin ist gepflastert mit Augenrollen, Diskussionen und dem beliebten Teenager-Totschlag-Argument:

„Warum dürfen die anderen das aber?!"

Du antwortest sachlich:

„Weil ich nicht die Mutter von XY bin."

Großer Fehler.
Jetzt bist du nicht nur unfair – du bist asozial.
Kein Teamplayer.
Jemand, der offensichtlich die Grundprinzipien moderner Erziehung nicht verstanden hat.

Aber weißt du was?

Es ist okay.
Weil es nicht mehr um Macht geht – sondern um Haltung.
Du bist nicht da, um den besten Konter zu liefern.
Du bist da, um Konsequenz auszuhalten, auch wenn du dafür tagelang angegrunzt wirst wie ein Eindringling auf einem fremden Planeten.

Du willst, dass dein Kind ein starker Mensch wird.
Aber stark wird man nicht durch Laissez-faire und Kuschelhölle, sondern durch Reibung.

Und genau das bist du:
Reibung. Grenze.
Gegenstück. Halt.

Also ja:
„Weil ich es sage" funktioniert nicht mehr.

Aber:
„Weil ich dich liebe und Verantwortung dazugehört" – das funktioniert.

Nicht sofort. Nicht mit Applaus.
Aber irgendwann.

Regeln, Regeln, Regeln – und der endlose Kampf um Ausnahmen

Du hast daheim ein paar klare Regeln.
Nix Weltbewegendes.
So Sachen wie:

- „Um 22 Uhr ist das Handy aus."
- „Duschen ist kein optionales Hobby."
- „Müll bringt sich nicht selbst raus, auch wenn's in Minecraft möglich ist."

Du denkst:
„Das ist überschaubar. Da kann man doch mit klarkommen."

Denkste.

Denn was in deinem Kopf wie eine klare Hausordnung klingt, ist für dein Kind der neue Nürnberger Kodex.
Ein Machtinstrument.
Eine Einschränkung seiner persönlichen Entfaltungsfreiheit.
Ein Grund, die UN-Kinderrechtskonvention neu zu verhandeln.

💬 *„Wieso darf ich nur bis zehn am Handy sein?! Die in meiner Klasse dürfen bis DREI! UND DIE LEBEN NOCH!"*

Du bleibst ruhig.
Du versuchst es mit Diplomatie.

Sagst:

„Weil Schlaf wichtig ist. Fürs Gehirn. Damit du morgen nicht wie ein Zombie durch Mathe schleichst."

Reaktion:

Augenrollen deluxe.
Das Geräusch eines Seufzens, das irgendwo zwischen „Ich bin Opfer des Systems" und „Ihr zerstört mein Leben" liegt.

Du bist kurz davor, dich zu entschuldigen, dass du überhaupt Elternteil geworden bist.

Dann das neue Lieblingsspiel:
Regeln sind gut – solange sie andere betreffen.

Du sagst:
„Wir haben ausgemacht, dass du dein Zimmer aufräumst."

Antwort:
„Boah, aber gestern musste ich schon Müll runterbringen! Ich hab GERADE erst was gemacht!"

(Das „Gerade" war vor 6 Tagen. Du hast Beweisfotos.)

Und jetzt wird's spannend:

Die Ausnahmen.

Die Achillesferse aller Eltern.

Du sagst:

„Nein heißt nein."

Aber dann:
Freitagabend. Freunde wollen chillen.
Film gucken. Bis elf. Nur heute.

Und plötzlich hörst du dich selbst sagen:

„Na gut, aber NUR HEUTE."

In deinem Kopf:
Gönnung. Vertrauensvorschuss. Pädagogisches Feingefühl.

In deinem Kind:

„GEIL! Das war ein Präzedenzfall!
Das wird dokumentiert, zitiert, in Stein gemeißelt.
Wenn es EINMAL geht, geht's IMMER!"

Am nächsten Tag willst du wieder „Nein" sagen.
Was kommt?

„ABER GESTERN DACHTEST DU AUCH, DASS ES NICHT GEHT! Und dann
ging's doch! Ihr habt KEINE KONTINUITÄT!"

Du bist nicht mehr Mutter oder Vater.
Du bist das Bundesverfassungsgericht der Pubertät – mit Durchsetzungs-
schwäche.

Und trotzdem... ziehst du weiter Grenzen.
Nicht, weil du Bock auf Streit hast. Sondern, weil du weißt:

Regeln geben Halt.
Und Ausnahmen geben Luft.
Aber ohne Regeln wird die Ausnahme zum Dauerzustand – und du zum
Fußabtreter mit WLAN-Passwort.

Also ja:
Du wirst weiter diskutieren.

Du wirst weiter wie ein schlechter Politiker klingen, der sich ständig widerspricht.

Und du wirst weiter versuchen, den Moment zu finden, wo du NICHT nachgibst – aber auch nicht wie Kim Jong-un in Jogginghose rüberkommst.

Und irgendwann – vielleicht spät nachts, vielleicht nach dem 112. Streit um den Wäschekorb – wird dein Kind dich anschauen und sagen:

„Eigentlich find ich's gut, dass ihr Regeln habt. Ich sag's halt nur nicht so."

Und du nickst. Mit Tränen in den Augen.
Und einer Tafel Schokolade in der Hand.

Freiheit geben ohne alles zu verlieren – Mission Impossible?

Du weißt, es ist Zeit.
Dein Kind wird groß. Selbstständig. Autonom.
Also theoretisch.

Denn praktisch kannst du nicht mal sicher sein, ob es heute Zähne geputzt hat.

Und trotzdem sollst du es jetzt:

- ernst nehmen
- loslassen
- Entscheidungen überlassen
- gleichzeitig aufpassen, dass es sich nicht in einer WhatsApp-Gruppe in den Abgrund diskutiert

Herzlichen Glückwunsch.
Du bist jetzt Elternteil und Orakel.

Du sagst:
„Okay, du darfst zur Party. Aber bleib erreichbar, okay?"

Antwort:
„OMG, wie kontrollierend bist du?! Ich bin NICHT MEHR ZWÖLF!"

Zehn Minuten später schreibst du:
„Alles gut bei dir?"

Gelesen. Keine Antwort.

Zwei Stunden später:
„Boah Mamaaa, jetzt chill mal, ich lebe doch noch!"

Das ist die neue Realität:

Du gibst Freiheit.

Und kriegst dafür:

- Panik

- Schuldgefühle

- Und den ständigen Verdacht, dass du zu locker bist, zu streng bist oder einfach nur keine Ahnung hast.

💬 *Innerlich bei dir:*
„Wenn ich loslasse, verliert sie sich.
Wenn ich festhalte, verlier ich sie auch.
Und wenn ich was sage, bin ich eh peinlich."
...gibt's eigentlich Eltern-Exit-Räume?

Und dann kommt noch die Nachbarsfamilie.
Du kennst sie.
Diese perfekten Über-Eltern mit diesem chilligen Kind, das schon mit 11
Steuern erklären konnte und sich beim ersten Bier bedankt hat.

*„Unsere Tochter plant ihre Wochenenden übrigens komplett selbst – und
macht ganz von allein Bildschirmzeit-Pausen."*

Cool. Meine plant, wann sie zuletzt geblinzelt hat und nennt das dann
"self care".

Aber zurück zu dir. Du gibst Raum. Freiheit. Verantwortung.
Und du hoffst, dass es nicht eskaliert.

Spoiler: Es eskaliert. IMMER.

Denn Freiheitsphase bedeutet auch:

- Abhauen aus WhatsApp-Gruppen mit Drama-Rauchwolken

- TikTok-„Mein Leben ist ein Chaos"-Videos

- Freundschaften, die wie Eintagsfliegen brennen

- und Pläne, die sich im 15-Minuten-Takt ändern

*„Ich geh nur kurz raus." – Wird gesehen beim Mondlandungstraining in
Sibirien.*

Du willst nachfragen?
Kontrollieren?
Sichergehen?

Aber du hörst schon im Geiste:

„DU VERTRAUST MIR NIE! Ich mach das ALLES ALLEIN!"

Also sagst du... nichts.
Du atmest. Du wartest.
Und du hoffst.

Und DANN, wie durch ein Wunder, kommt irgendwann so ein Moment.

Dein Kind sitzt da. Etwas ruhiger. Etwas durchgelüftet.

Und sagt:
„War gut, dass du mich machen lassen hast. Auch wenn ich's verkackt hab."

BÄM.
Das ist es. Der Eltern-Oscar.
Verpackt in zehn müde Wörter.
Ohne Schleife, aber mit Herz.

Denn ja – du wirst Fehler machen.
Du wirst zu früh loslassen. Oder zu spät.
Du wirst zu viel erlauben. Oder zu wenig.

Aber das Wichtigste ist:
Dass du wieder da bist, wenn dein Kind zurückkommt.

Nicht mit dem Satz:
„Hab ich dir doch gesagt."

Sondern mit:
„Willst du Kakao oder Cola – oder beides mit Eis?"

Fazit:
Freiheit geben, ohne alles zu verlieren?
Unmöglich.
Aber wunderschön unmöglich.
Denn genau so lernt dein Kind, wer es ist – und du, dass Liebe manchmal loslassen heißt.

Vertrauen, Kontrolle und elterliche Paranoia

Snoopen oder vertrauen? Die Nachtfrage jedes Elternteils.

Es ist spät. Alle schlafen. Auch das Kind.

Und da liegt es.
Das Handy.
Unbeaufsichtigt. Ungesichert.
Wie ein Schoko-Ei mit geheimem Inhalt – nur eben voller Chatverläufe, TikToks und potenzieller Weltuntergänge.

Und du? Du starrst es an wie Gollum auf den Ring.

„Mein Schaaaaatz…"

Und dann kommt sie. Die Nachtfrage. Die ewige. Die verbotene:

„Darf ich mal kurz gucken?"

💬 *Innerer Monolog:*
„Nur EIN kurzer Blick.
Nicht mal richtig lesen.
Nur mal schauen, ob's gefährlich ist.
Vielleicht steht da was über Drogen. Oder Sexting.
Oder dass sie auswandern wollen.
Oder eine Mathearbeit vergessen haben.
ODER ALLES AUF EINMAL!!"

Du streckst die Hand aus... und stoppst.

Weil da plötzlich die andere Stimme kommt.
Die elterliche Vernunft-Fee mit nerviger Stimme und zero Humor:

„Wenn du das tust, brichst du Vertrauen.
Und Vertrauen ist wie ein Macbook: teuer, empfindlich und irreparabel,
wenn's kracht."

Du gehst. Widerwillig.
Mit Blick zurück wie in einer Netflix-Serie.
„Next time, little phone. Next time."

Aber die Frage bleibt.
Jeden. Einzelnen. Tag.
„Snoopen oder nicht?"

Denn du merkst ja, dass was los ist.
Dein Kind zieht sich zurück.
Redet weniger.
Antwortet mit „kA", „kp", „lol" und dem Klassiker:

„NIX."

Du hörst Türen. Flüstern.
Siehst neue Kontakte.
Neue Launen.
Und das Handy ist auf einmal: unantastbar.

Du fragst ganz vorsichtig:
„Darf ich mal schauen, mit wem du da schreibst?"

Antwort:
„WAS?! BIST DU IRRE?! DAS IST PRIVAT!!"

Autsch.

Du wurdest gerade aus der Grundrechtezone deines eigenen Kindes geworfen.
Ohne Vorwarnung. Ohne Rückflugticket.

Und ja – du willst vertrauen.
Du willst modern sein.
Du willst so ein Elternteil sein, der sagt:

„Ich geb dir Raum. Ich glaub an dich.“

Aber in Wahrheit sitzt du da mit Falten, Herzklopfen und Google-Tab offen:

„Woran erkenne ich, dass mein Kind heimlich mit einem illegalen Oktopus-Club chattet?“

Fakt ist:
Snoopen fühlt sich an wie Sicherheit.

Aber es ist ein zweischneidiges Schwert mit WLAN-Anschluss.
Denn was du findest, verändert alles.

Nicht nur, wie du dein Kind siehst.
Sondern wie dein Kind dich sieht.

„Du bist durch mein Handy gegangen?? Ich VERTRAUE dir nie wieder.“

Boom.
Du wolltest schützen – und hast die einzige Währung in der Pubertät
verloren: Vertrauen.

Also was tun?

- Schauen, aber nicht spionieren.
- Fragen, aber nicht verhören.
- Präsenz zeigen, ohne Glühbirne im Gesicht zu sein.

Und vor allem:

Regeln VORHER besprechen. Wie ein Vertrag.

Nicht wie eine Überraschungshaussuchung à la „CSI Elternhausen“.

Denn ja:
Es wird Geheimnisse geben.
Und es wird Dinge geben, die du vielleicht nie erfährst.

Aber wenn dein Kind weiß, dass es dir auch ohne Strafe was erzählen kann – dann hast du mehr Sicherheit geschaffen als jeder Screenshot dir je geben könnte.

Fazit:
Snoopen oder Vertrauen?
Wenn du's nachts entscheiden willst, schlaf lieber drüber.

Frag stattdessen morgens:
„Magst du mir zeigen, was dich grad so beschäftigt? Ich mein... ich bin zwar peinlich – aber ich hör gut zu."

Geheimnisse, Heimlichkeiten und das stille „Was verheimlicht er/sie mir?"

Es beginnt harmlos.

Du fragst: *„Na, wie war die Schule?"*

Antwort: *„Okay."*

Pause. Du wartest. Nichts kommt.

„Und sonst so?"

„Nix."

Ende der Pressekonferenz. Keine Rückfragen erlaubt.

💬 *Innerlich bei dir:*

„Okay. 'Nix' bedeutet 'was'. Das wissen wir.

Also WAS?

Was wird mir hier verschwiegen?

Bin ich in einem Teenie-Verschwörungskomplott? Gibt's TikTok-Gangs?

Hat sie heimlich ein Tattoo? Isst er Seife? Was geht hier ab?!"

Du beobachtest alles.

Blick. Körpersprache. Kopfdrehwinkel beim Scrollen.

Du analysierst Gesten wie Sherlock Holmes mit Erziehungsauftrag.

Erwischt du sie beim schnellen Tab-Wechsel auf dem Handy?

„Aha! VERDÄCHTIG!!"

Er antwortet auf deine WhatsApp-Nachricht mit nur einem „ok"?

„MEIN KIND HASST MICH!!"

Du entwickelst Paranoia in HD.

Du fragst dich:

- Warum wird das Zimmer plötzlich abgeschlossen?
- Warum sind die Instagram-Stories plötzlich "nicht verfügbar"?
- Warum ist der Browserverlauf... leer?!
  (NIEMAND löscht freiwillig seinen Browserverlauf, außer er plant einen Umsturz oder googelt peinliche Fragen über Küssen.)

Und ja – du hast Angst.

Nicht, weil du Kontrolle willst.

Sondern, weil du spürst:

Da ist was. Und du bist nicht mehr Teil davon.

Und das tut weh. Richtig weh.

Wie der Moment, in dem du realisierst, dass du der Letzte bist, der erfährt, dass dein Kind verliebt, verletzt oder verletzt worden ist.

Aber hier kommt die bittere Wahrheit:
Geheimnisse gehören zur Pubertät.
Sie sind nicht das Ende eurer Beziehung.
Sondern ein notwendiger Schritt, damit dein Kind eine eigene Welt bauen kann.
Eine Welt, in der du – Achtung, halt dich fest – nicht überall mitspielen darfst.

💬 *Teenager-Gehirnlogik:*
„Wenn ich was erzähle, gibt's Drama.
Wenn ich nix erzähle, gibt's Ruhe.
Ergo: Ich sag nix. Und hoffe, dass niemand merkt, dass ich innerlich implodiere."

Und was machst du als Elternteil?

Tief durchatmen. Nicht panisch werden. Nicht mit GPS-Trackern oder Fake-Accounts in DMs sliden. (Ja, das ist schon passiert.)

Sondern:
Vertrauen schaffen, dass überlebt. Auch wenn du gerade draußen stehst.

Wie?

- Durch Zuhören – auch wenn nix gesagt wird.
- Durch Präsenz – ohne Dauer-Mikromanagement.
- Durch kleine Momente, die zeigen:

  „Ich bin nicht hier, um dich zu durchleuchten – sondern um dich aufzufangen, wenn du's brauchst."

Und dann, irgendwann, kommt er.
Der Moment, den du nicht mehr für möglich gehalten hast:
„Ich muss dir was erzählen..."

Nicht alles.
Nicht in epischer Breite.
Aber genug, dass du weißt:
Das Vertrauen lebt noch. Trotz Geheimnissen.

Und du sagst nicht:
„Warum hast du das nicht früher gesagt?!"

Du sagst:
„Danke, dass du's jetzt gesagt hast."

Fazit:
Geheimnisse tun weh – aber sie sind kein Verrat.
Sie sind der Probelauf für Selbstständigkeit.
Und je weniger du spionierst, desto eher wird dein Kind freiwillig die Tür wieder einen Spalt aufmachen.

Wenn Kontrolle kaputtmacht, was Vertrauen aufbauen sollte

Du wolltest nur das Beste.
Du warst besorgt.
Du hattest einen Bauchgefühl-Tsunami und das stille Gefühl:

„Irgendwas stimmt nicht. Ich muss was tun. Jetzt. Sofort. Heimlich."

Und zack – plötzlich findest du dich wieder in einer Position, die du nie haben wolltest:

-   *Geheime Passwörter erraten*
-   *Browserverlauf prüfen wie bei der Steuerprüfung*
-   *Instagram-Storys scannen wie ein FBI-Agent in Midlife-Crisis*

Und dann... findest du was.
Nichts Schlimmes vielleicht.
Aber was Persönliches. Privates.
Etwas, das nicht für dich gedacht war.

Und genau DANN kommt's.
Dein Kind schaut dich an.
Ohne Tränen. Ohne Wut.

Nur mit diesem einen, vernichtenden Satz:
„Du hast geguckt. Ohne zu fragen."

Game over.
Kein Türknallen. Keine Eskalation.
Viel schlimmer: Enttäuschung.

💬 *Innerlich bei deinem Kind:*
„Ich dachte, du vertraust mir. Ich dachte, ich darf mein eigenes Leben haben. Ich dachte... du bist auf meiner Seite."

Und du?
Stehst da.
Mit Daten, aber ohne Beziehung.
Mit Wissen, aber ohne Zugang.

Das ist der Punkt, an dem Kontrolle nicht mehr schützt – sondern kaputtmacht. Nicht dein Kind. Sondern eure Verbindung.

Denn Kontrolle signalisiert:

„Ich glaub dir nicht. Ich trau dir nicht. Ich muss dich überwachen."

Und das ist ungefähr so sexy wie ein Überwachungsstaat mit Eltern-Logo.

Du versuchst dich rauszureden:

„Ich hatte Angst."

„Ich wollte dich schützen."

„Ich musste einfach wissen, was los ist."

Aber dein Kind hört:

„Ich bin dir nicht zuzumuten. Ich bin ein Risiko."

Und Vertrauen?
Das Ding, das du eigentlich stärken wolltest?

Ist auf Level: KAPUTT.

Aber:
Nicht für immer.

Du hast es versaut, okay – aber du kannst es wieder hinkriegen.

Wie?

- Fehler zugeben (ja, wirklich!)
- Sagen, dass du's verbockt hast – ohne „aber"
- Nicht gleich wieder was richtig machen wollen – sondern einfach mal aushalten

Du sagst sowas wie:

„Ich war überfordert. Ich habe dir nicht vertraut – und das war falsch. Es tut mir leid."

Und dann? Sagst du nix.
Weil Stille manchmal der lauteste Beweis für Reue ist.

Und irgendwann – vielleicht nach Tagen, vielleicht nach Wochen – kommt ein ganz kleiner Moment.

Dein Kind zeigt dir was.
Ein Chat. Ein Meme. Ein Gedankenfetzen.

Nichts Großes.
Aber genug, dass du weißt:

„Da ist noch was zwischen uns. Es lebt. Es heilt."

Fazit:

Vertrauen wächst nur, wenn du Platz lässt.
Platz für Fehler. Für Heimlichkeiten. Für Schweigen.

Und auch für den Mut, zurückzukommen, wenn's sicher ist.

Kontrolle gibt dir vielleicht Sicherheit.
Aber Vertrauen gibt dir Beziehung.

Und in der Pubertät ist Beziehung alles.

Sex, Pornos und peinliche Gespräche

Du willst reden – sie wollen sterben.

Du hast den Moment gewählt.
Sorgfältig.
Taktisch.
Feinfühlig.
Du willst es „richtig" machen.
Du hast *nicht* direkt nach dem Abendbrot angesetzt.
Nicht beim Autofahren.
Nicht mitten in der Netflix-Serie.

Sondern ganz neutral, ganz locker – wie ein Gespräch unter zwei Gleichgesinnten, die sich... lieben.

Du atmest durch.
Setzt an.
Sprichst ruhig:

„Du... ich dachte, wir könnten mal über... na ja... über das Thema... also... Sexualität... reden."

Fehler. Schwer. Tödlich.

Was du bekommst:
Einen Blick, der dich löscht. Instant. Mit bloßem Augenkontakt.

„WAAAS?! OMG – NEIN! NEIN! NEIN! WAAARUUUM?!!"

Dein Kind sinkt theatralisch hinter die Couch, zieht die Decke über den Kopf und murmelt:

„Ich kündige das Leben."

💬 *Innerlich beim Kind:*
„Hätte ich die Wahl zwischen 'Sex-Gespräch mit Eltern' und 'Socken es-sen' – ich nehm die Socken. MIT Senf. Im Dunkeln."

Du bleibst ruhig.
Versuchst zu lächeln.
Bist innerlich längst komplett durchgeschwitzt, aber äußerlich... na ja...
so halb seriös.

Du willst was sagen wie:

„Ich find's wichtig, dass du weißt, dass du immer mit mir reden kannst."

Aber dein Kind kreischt schon:

„WAAAS?! NEIN! Lass es! Ich will das NICHT HÖREN! Ich krieg BLEIBENDE SCHÄDEN!"

Und du so:

„Aber Schatz, das ist doch ganz normal, über—"

„NORMAL?! NEIN! DU bist NICHT normal! Ich will NICHT WISSEN, dass IHR SEX HATTET!"

Und du denkst:
„Wie denkt ihr eigentlich, dass ihr entstanden seid? Durch eine WhatsApp?"

Aber du sagst natürlich nix. Weil du klug bist. Weil du leben willst.

Stattdessen versuchst du's später nochmal. Ganz subtil.
Du lässt ein Aufklärungsbuch auf dem Klo liegen.
Markierst diskret ein paar Seiten mit Post-its.
Und hoffst, dass dein Kind denkt:

„Hm. Interessant."

Was dein Kind denkt:

„Boah. Jetzt spionieren sie mir auch noch auf'm Klo nach. WAS IST DAS FÜR EIN HAUSHALT?!"

Aber:
Du gibst nicht auf.
Denn tief in dir drin weißt du: Peinlichkeit ist der Preis für Präsenz.
Und selbst wenn dein Kind jetzt glaubt, du wärst das Letzte, was diese Welt je gebraucht hat – du hast den ersten Schritt gemacht.
Du hast Signal gegeben:

„Ich bin da. Für Fragen. Für Cringe. Für alles."

Und das bleibt.
Selbst, wenn es nicht gleich sichtbar wird.
Selbst, wenn du dir vorkommst wie ein wandelndes Aufklärungsmonster mit Fremdscham-Garantie.

Tipp für Fortgeschrittene:
Wenn du nicht reden kannst – schreib.
Leg 'ne Notiz. Mach Humor draus.

Sowas wie:

„Falls du Fragen zu Liebe, Sex oder sonstigen Katastrophen hast – ich bin erreichbar. Auch per WhatsApp. Emojis erlaubt."

Oder klassisch: *„Ich habe auch mal nix gewusst. Jetzt tu ich so, als wüsste ich alles. Sag Bescheid, wenn du das nutzen willst."*

Fazit:
Du willst reden. Sie wollen sterben.

Und irgendwo dazwischen liegt ein ehrlicher Versuch, aus einem Thema ohne Timing wenigstens ein Stück Nähe rauszuholen.

Denn:
Reden über Sex ist nicht peinlich, weil es Sex ist.
Es ist peinlich, weil es echt ist.

Und genau das braucht dein Kind.
Auch wenn's dich dafür drei Tage lang nicht ansieht.

Pornos als Aufklärung? Leider ja. Leider schlecht.

Es war einmal… die Hoffnung.
Die Hoffnung, dass dein Kind irgendwann in Ruhe und Würde mit dir
über das große Thema spricht:
Sexualität, Nähe, Körper, Liebe, Gefühle, Kondome – du weißt schon…
der romantische Kram halt.

Stattdessen:
Pornos.
Digital. Hart. Laut.
Und sowas von nicht das, was du dir unter Aufklärung vorgestellt hast.

💬 *Innerlich bei dir:*
„Früher gab's Aufklärung über Bienchen und Blümchen.
Heute googeln sie:
'Was ist ein Reverse-Cowgirl mit Donut und Ringlicht?'"

Ich wollte nie so viel wissen. Ich… wollte einfach nie."

Und nein, du bist nicht hysterisch – die Wahrscheinlichkeit, dass dein
Kind in der Grundschule schon versehentlich einen Porno gesehen hat,
liegt bei ca. 97%.

Ob durch Freunde, Pop-ups oder reines „Ich-war-neugierig-und-dann-war-da-alles-nackt-und… schnell."

Das Problem?
Es bleibt nicht bei einem „Hoppla, was war das?!"
Sondern es wird oft zur Standardquelle.
Pornos als Wikipedia für Sex.

Und du?
Bist der/die einzige, der/die denkt:

„Oh Gott, das ist doch keine echte Nähe! Das ist Akrobatik mit Zoom und Tonstörung!"

Aber dein Kind?
Schaut, staunt – und glaubt, so läuft das halt.

Was lernt es da?

-   Dass Sex aussieht wie ein Hochleistungssport mit Gewalt-Option.
-   Dass alle Körper aussehen wie 3D-Drucke vom Fitness-Gott.
-   Dass Gefühle, Konsens und echte Kommunikation ungefähr so sexy sind wie… du beim Zähneputzen.

💬 *Teen-Denkprozess (ungefiltert):*
„Also… wenn das Sex ist… dann bin ich falsch.
Mein Körper ist falsch.

Mein Gefühl ist falsch.
Ich will's richtig machen – aber was ist richtig?
Ich frag lieber nicht. Das ist alles peinlich."

Und du willst helfen.

Du willst sagen:

„Pornos sind Show. Kein echtes Leben. Kein echter Sex. Kein echter Mensch. Und schon gar kein echter Körper."

Aber wie sagst du das, ohne zu klingen wie eine VHS-Kassette von 1992?

Hier kommt dein Masterplan (mit Überlebensgarantie):

1. Keine Vorwürfe. – Du bist nicht die Porno-Polizei.
   Du bist der vertrauenswürdige Gegenentwurf zu Google & Co.

2. Keine Panik. – Atmen.
   Auch wenn du innerlich schreist: *„MEIN BABY HAT BRUSTWARZEN GESEHEN!!"*

3. Klartext. Aber locker. – Sag sowas wie:

„Das, was du da gesehen hast – das ist nicht falsch. Aber es ist auch nicht echt."
„Wenn du echte Nähe willst, brauchst du Respekt. Und das gibt's bei Pornhub eher selten."

Gold-Tipp:

Sag nicht:

„Pornos sind schlecht."

Sag stattdessen:

„Pornos zeigen, was Leute sehen wollen – nicht, wie's wirklich ist."
„Sie sind gemacht, um was auszulösen – nicht, um was zu erklären."
„Die zeigen nicht, wie echter Sex funktioniert. Die zeigen, wie man Klicks kriegt."

Denn ganz ehrlich:
Pornos sind wie Werbespots für Dinge, die in echt nie so laufen.
So wie bei Cornflakes:
In der Werbung fliegen sie elegant in Milch mit Zeitlupe.
In echt?
Kleben sie matschig an der Schüssel und du fragst dich, ob du überhaupt noch Geschmackssinn hast.

Und genauso verhält es sich mit Pornos vs. echtem Sex:

- Im Film: Körper aus dem Photoshop.
- Im Leben: Bauchgrummeln, schlechte Matratze und jemand fragt, ob der Hund draußen ist.

Also, statt zu verteufeln, lieber Haltung zeigen – locker, ehrlich, klar:

„Pornos sind gemacht, um zu unterhalten – nicht, um zu erklären."

„Das, was du da siehst, ist nicht falsch – aber es ist nicht die Realität. Es ist wie ein Actionfilm. Laut, übertrieben und voller Spezialeffekte."

„Wenn man echte Nähe will, dann geht's nicht um Leistung oder Akrobatik – sondern um Vertrauen, Respekt, Unsicherheit und... manchmal auch einfach profanes Rumgerutsche."

Denn das Ziel ist nicht, dein Kind auf ein Porno-Verbotskreuz zu nageln.
Sondern ihm klarzumachen:
„Du darfst neugierig sein – aber glaub nicht, dass das die Wahrheit ist."

Du musst nicht zur wandelnden Aufklärungsinstitution werden.
Du musst nur sagen:

„Wenn du wissen willst, wie's im echten Leben läuft – frag mich. Oder frag jemanden, der dir ehrlich antwortet. Ohne Filter. Ohne Show."

Denn was bleibt, ist nicht das Gespräch über Details.
Was bleibt, ist der Eindruck:
„Ich kann mich melden, wenn's wirklich drauf ankommt."

Und das ist mehr wert als jede moralische Panik.
Mehr als zehn „So nicht, junger Mann!"
Mehr als 37 Google-Suchverläufe.

Das ist Beziehung.
Vertrauen.
Und echte, gelebte Aufklärung – ohne Rollenspiel und ohne Drama.

Schamgrenzen, Fettnäpfchen…
… und wie man trotzdem miteinander spricht

Du hast es versucht.
Du hast die Pornofrage gemeistert.
Du hast dich nicht auf den Boden geworfen, als dein Kind das Wort
„*Nacktbilder*" ausgesprochen hat.
Du warst stark.
Tapfer.
Ein Fels.
Mit einem wackeligen Lächeln und einem trockenen Mund wie 'n Toast
ohne Butter.

Aber jetzt kommt das echte Endgegner-Level:
Wie spricht man über intime Themen, ohne sich oder das Kind komplett
zu traumatisieren?

💬 *Innerlich bei dir:*
*„Okay. Ich will's ansprechen. Aber wenn ich zu direkt bin, denkt mein
Kind, ich bin irre.*
Wenn ich zu vorsichtig bin, denkt es, ich habe keinen Plan.
*Und wenn ich es gar nicht sage, denkt es… nichts. Und lernt wieder aus
dem Internet.*
VERDAMMT!"

Und dann... landest du im ersten Fettnäpfchen.
Du sagst irgendwas harmlos Gemeintes wie:

„Wenn du mit jemandem intim bist, dann—"

„INTIM?! BOAH, WAS BIST DU FÜR EIN MENSCH?! SAG NIE WIEDER IN-TIM!!"

Okay. Wortwahl ist ein Minenfeld.

Also besser:

- Keine Biobegriffe.
- Keine Erotik-Buch-Formulierungen.
- Und bloß keine Eltern-Analogien à la *„Der Körper ist wie ein Garten..."*

Nope. Nicht tun. Nie. Aber was dann?

Wie redet man über Sex, Gefühle, Nähe, Unsicherheit – ohne dass dein Kind dich mit Blicken verflucht, die kleine Welpen zum Weinen bringen würden?

Hier die goldenen Regeln:

1. Weniger ist mehr.

Ein Gespräch über Aufklärung ist keine Predigt, kein PowerPoint-Vortrag, kein *„Jetzt halt durch, ich hab das geübt!"*
Es reicht, wenn du sagst:
„Wenn du mal was wissen willst – egal wie seltsam – ich sag dir ehrlich, wie's ist."
Wenn du's schaffst, das in einem Satz unterzubringen,
ohne dabei nervös mit einem Papptaschentuch zu fummeln –
Respekt.

2. Bleib locker – auch wenn du innerlich stirbst.

Wenn dein Kind mal was fragt (ja, das kann vorkommen –
manchmal in Form von *„Ist das normal, wenn...")* –
dann ist deine Reaktion entscheidend.

Nicht:
*„Oh Gott, warum fragst du das?! Wer hat dir DAS erzählt?! Hast
du schon...?"*

Besser:
„Ja, das ist normal. Und falls nicht – reden wir drüber."
Selbst wenn du innerlich denkst:
*„WAS ZUM TEUFEL IST EIN PEACH EMOJI MIT FLAMME UND
HASHTAG?"*

3. Du musst nicht alles wissen – du musst nur da sein.

Du bist nicht Wikipedia.
Du bist auch keine Sexualtherapeutin mit Diplom und Laserpoin-
tern. Aber du bist die Person, bei der dein Kind testen will, ob
man es aushält – mit all seinen Fragen, Unsicherheiten, Fettnäpfchen.

Und wenn du das hinkriegst, ohne sofort dein Gesicht hinter einem Kissen zu verstecken – dann ist das Aufklärung auf Welt-
klasse-Niveau.

Fazit?
Ja, es ist peinlich. Für euch beide.
Aber in genau diesem Cringe-Moment steckt eine Chance.

Denn wenn dein Kind merkt:

„Ey, die/der zuckt nicht zusammen, wenn ich über sowas spreche…"

Dann wird aus
Schamgrenze → Gesprächsfenster.

Aus
Fettnäpfchen → Vertrauen.

Und du musst dazu keine Aufklärungs-Broschüre werden – du musst nur zeigen:

„Ich bin da. Auch, wenn du es mir nicht sofort glaubst."

Psychische Gesundheit in der Pubertät

„Ich kann nicht mehr" – Wenn dein Kind plötzlich nicht mehr lacht

Es beginnt schleichend.
Kein Drama. Kein Türknallen.
Einfach nur... weniger.

Weniger Lachen. Weniger Reden.
Weniger „Mama, guck mal..."
Weniger von allem, was sonst so da war.

Erst denkst du:
„Ach, hat halt einen schlechten Tag."

Dann:
„Okay... vielleicht 'ne Phase."

Und irgendwann sitzt du da, siehst dein Kind mit leerem Blick auf dem Sofa, Kopfhörer drin, Augen müde – und es sagt:

„Ich kann nicht mehr."

Und dann ist alles still.
Weil du nicht weißt, was du sagen sollst.
Weil das mehr ist als pubertäres Genervtsein.
Weil das... weh tut. Dir. Und ihm*ihr.

💬 *Innerlich bei dir:*
„Wie konnte ich das nicht merken?
Hab ich was übersehen?
Ist das nur Stimmung?
Oder... ist das was Ernstes?"

Und dein Gehirn fährt Karussell:
Panik, Hilflosigkeit, Google-Symptome, Schuldgefühle,
und mittendrin du, die*der eigentlich nur ein bisschen Normalität zurückhaben will.

Denn du siehst:
Da ist kein Bock mehr. Kein Licht.
Kein „Ich freu mich aufs Wochenende".

Sondern nur:
Schlafprobleme. Rückzug. Leere. TikTok bis drei Uhr nachts.
Und ein „Ist doch eh alles egal."

Und du willst reden. Willst helfen.
Willst dein Kind da rausholen wie bei einem Film – mit Musik, Umarmung, Happy End.

Aber dein Kind sagt:
„Ich hab keinen Bock zu reden."

Oder schlimmer:
„Lass mich einfach."

Was du hören musst, ist:
Das ist nicht gegen dich.
Das ist kein Angriff.
Das ist Not.

Denn in der Pubertät explodiert nicht nur das Hirn – auch die Gefühle fahren Looping, ohne dass jemand angeschnallt ist.

Da ist Druck.
Vergleich. Identitätschaos.
Und das Gefühl, nicht zu genügen – für niemanden.

Manchmal ist das einfach zu viel.

Und jetzt kommst du.
Nicht als Heldin. Nicht als Expertin.
Sondern als jemand, der aushält.

Der da bleibt.
Ohne kluge Ratschläge.
Ohne *„Wird schon wieder"*.

Sondern mit einem einfachen:
„Ich seh dich. Ich geh nicht weg."

Weil genau das die Basis ist:

- Nicht wegschauen.
- Nicht verharmlosen.
- Nicht bagatellisieren.

Und auch NICHT direkt mit dem Therapiehammer reinhauen.
Sondern erstmal: Raum geben. Zuhören.
Still da sein.

Was du tun kannst:

1. Zeig Interesse – aber dräng nicht.
   Frag nicht fünfmal täglich „Wie geht's dir?" – frag lieber mal:
   „Was war heute schön? Was war heute blöd?"

2. Erzähl was von dir – von eigenen Kämpfen.
   Zeig: *„Du musst nicht funktionieren, um geliebt zu werden."*

3. Und wenn du merkst, es wird zu schwer – dann hol Hilfe.
   Früh. Ohne Drama. Ohne Scham.
   Ein Gespräch. Eine Schulsozialarbeiterin. Hausarzt. Therapeut*in. Ein erster Schritt.

Denn manchmal ist das größte Geschenk nicht der perfekte Satz –
sondern deine stillste Botschaft:

*„Du musst hier nicht stark sein. Du darfst auch mal kaputt sein – und
trotzdem bist du nicht falsch."*

Fazit:
Wenn dein Kind sagt „Ich kann nicht mehr", dann hör hin.
Lauf nicht weg.
Auch nicht innerlich.

Und denk dran:
Du musst es nicht heilen – du musst nur da sein, bis es wieder von allein
heilt. Oder mit Hilfe.

Aber nie allein.

Zwischen Social Media und Selbstzweifeln – Der Druck, perfekt zu sein

Früher hattest du auch Selbstzweifel.
Du hast dir die Haare geföhnt, Pickel mit Zahnpasta bekämpft und gehofft, dass niemand merkt, dass du in Sport der Langsamste warst.

Aber heute?

Heute vergleicht sich dein Kind mit Avataren. Mit KIs. Mit bearbeiteten
Körpern. Mit Menschen, die aus Filtern, Algorithmen und 1000 Wieder-
holungen bestehen.

Und was passiert?

- Selbstbild: zersplittert.
- Wertgefühl: geghostet.
- Frage des Tages:
  *„Bin ich falsch, weil ich nicht so aussehe / spreche / funktioniere
  wie diese Leute da online?"*

Dein Kind scrollt – stundenlang.
Sieht Sixpacks. Glow-Skin. Menschen mit 40 Kilo, die gleichzeitig drei Sprachen sprechen, perfekt tanzen und dabei ihre „Morning Routine" filmen, die aussieht wie ein Werbespot für mentale Gesundheit – powered by Hafermilch.

Und während dein Kind das sieht, fühlt es sich immer mehr wie… ein einziger Systemfehler.

💬 *Innerlich beim Kind:*
„Warum bin ich nicht so hübsch?
Warum bin ich nicht so glücklich?
Warum bin ich nicht so stark, so cool, so clean, so... perfekt?"

Und du? Du willst sagen:
„Schatz, das ist alles Fake."

Aber dein Kind denkt:
„Das sagst du nur, weil DU keine Ahnung hast. Oder weil DU neidisch bist. Oder weil DU halt einfach... alt bist."

(Au. Autsch. Danke für nichts.)

Und trotzdem:
Du musst da sein.
Nicht als Moralinstanz.
Nicht als Filtergegner*in.
Sondern als jemand, der sagt:

„Ich weiß, wie schwer das ist, sich selbst zu mögen – wenn man nur sieht, wie andere sich inszenieren."

Was du tun kannst (ohne dass dein Kind dich sofort deabonniert):

1. Nicht lächerlich machen.

Ja, der Tanz sieht albern aus. Ja, du verstehst den Trend nicht.
Aber wenn du sagst:

„Was sind das für Idioten da auf TikTok?!"

...dann sagst du auch:

„Du bist ein Idiot, weil du das magst."

Und zack – Connection gone.

2. Zeig, was echt ist.

Du musst keine Vorträge halten über Körpernormen.
Aber du kannst sichtbar machen:

„Nicht alles, was du siehst, ist Wahrheit. Es ist Show. Auswahl. Strategie."

Zeig Bilder von dir mit und ohne Filter. Erzähl, wie du dich selbst mal verglichen hast.

Sag: *„Auch Erwachsene kämpfen mit sich. Du bist nicht allein."*

3. Stell die richtigen Fragen.

Nicht: *„Warum hängst du da so lange auf Insta rum?!"*

Sondern: *„Wie fühlst du dich, wenn du das siehst?"*
„Denkst du, das hilft dir – oder stresst dich das eher?"

Und dann: Klappe halten. Zuhören. Nicht bewerten.

Denn dein Kind wird sich immer vergleichen.
Aber wenn es weiß:

„Ich darf mich auch mal kacke fühlen – und bin trotzdem wertvoll",
dann hast du gewonnen.

Nicht sofort. Aber langfristig.

Fazit:
Social-Media zeigt perfekte Leben.
Aber dein Kind lebt ein echtes.

Und genau dafür braucht es dich – nicht als Coach, nicht als Kritiker*in,
sondern als Rückzugsort.
Ohne Filter. Ohne Urteil.
Einfach da. Echt.

Therapie, Hilfe und das Tabu, das keins sein darf

Du merkst, dein Kind leidet. Nicht ein bisschen.
Nicht „gerade schlecht drauf".
Sondern richtig.

Da ist Dunkelheit. Rückzug. Angst. Oder Wut.
Oder einfach: nichts mehr.

Und irgendwann denkst du:

„Okay. Vielleicht brauchen wir Hilfe. Richtige Hilfe."

Und dann – zack! – ballert dein Kopf los:

„Ist das übertrieben? Ist das schon so schlimm?
Was denken die Lehrer? Die Nachbarn? Die Oma??
Bin ich gescheitert als Elternteil?!"

Spoiler:

Nein. Du bist nicht gescheitert.

Du bist wach.

Mutig.

Und bereit, Verantwortung nicht mit „Ich regel das allein" zu verwechseln.

💬 *Innere Stimme, unzensiert:*

„Aber mein Kind in Therapie?!

Das klingt so... ernst.

So krank.

So... nicht normal. "

Willkommen in der Realität:

Psychische Belastung ist normal. Hilfe suchen ist kein Drama.

Drama ist, wenn du's nicht tust.

Hier kommt dein Realitätscheck:

- Therapie ist keine Niederlage.

- Therapie ist kein "Ich komm mit meinem Kind nicht klar".

- Therapie ist kein "Jetzt ist alles verloren".

Therapie ist wie Physio fürs Herz.

Oder Coaching fürs Hirn.

Oder ein WLAN-Verstärker für die Seele. (Ja, so in etwa.)

Was du tun kannst, wenn du Hilfe denkst:

1. Sprich's an – vorsichtig, ohne Druck.

„Ich seh, dass es dir schwerfällt. Und ich glaub, das ist zu viel für allein. Wollen wir jemanden suchen, der sich auskennt?"

2. Lass den Begriff "Therapie" erstmal weg – wenn's blockiert.

Sag: *„Ein Gespräch. Jemand, der zuhört, ohne zu werten."*

3. Mach's nicht größer als nötig – und nicht kleiner als es ist.

Nicht: *„OMG, wir brauchen DRINGEND EINEN PSYCHOLOGEN!!"*

Sondern: *„Es gibt Leute, die wissen, wie man mit sowas umgeht. Lass uns schauen."*

Und wenn dein Kind ablehnt?
Ignoriert?

Sagt: *„Ich bin doch nicht irre!"*

Dann bleib ruhig.
Sag sowas wie:

„Wenn du den Arm brichst, gehst du auch zum Arzt. Und Gefühle sind genauso wichtig. Punkt."

Denn das ist keine Schwäche.
Das ist die neue Stärke.
Nicht aushalten bis zum Zusammenbruch – sondern vorher was ändern.

Wichtig:
Wenn du selbst überfordert bist – hol auch für DICH Hilfe.
Familienberatung. Elterncoaching. Austausch mit anderen.
Du musst nicht der/die *Held*in sein.
Nur da sein. Nur Mensch.
Nur ehrlich.

Fazit:
Psychische Gesundheit ist kein Tabu.
Nicht mehr. Nicht hier. Nicht bei dir.

Du öffnest eine Tür – und machst klar:

„Egal, wie dunkel es gerade ist – du musst da nicht allein durch."

Und wenn dein Kind das irgendwann sagt, auch nur einmal:

„Danke, dass du nicht locker gelassen hast..."

Dann war alles richtig.

Es wird besser. Irgendwann. Vielleicht.

Du wirst nicht alles richtig machen – und das ist okay.

Du wolltest alles richtig machen.
Von Anfang an.
Von der ersten Windel bis zur ersten WhatsApp-Krise.
Du hast gelesen, gehört, gegoogelt.
Hast Podcasts gehört mit Pädagogen, die nie eigene Kinder hatten,
und Foren durchwühlt, in denen Menschen ernsthaft diskutieren,
ob man „Ja" sagen darf, wenn ein Kind „Nein" meint.

Und dann kam die Realität.
Mit Augenringen.
Mit „ICH HASSE EUCH ALLE".
Mit klapperndem Besteck am Esstisch, weil dein Teenie passiv-aggressiv
über deinen Existenz-Lärm hinweg stirbt.

💬 *Innerlich bei dir:*
„Ich bin überfordert. Ich bin genervt. Ich habe keinen Plan. Ich bin nicht
pädagogisch, ich bin MÜDE."

Willkommen im Club.
Du wirst nicht alles richtig machen.
Du wirst es verbocken. Oft.
Du wirst schreien, wo du hättest zuhören sollen.
Du wirst nachgeben, wo du hättest standhalten sollen.
Du wirst zu viel kontrollieren und zu wenig vertrauen.

Und das ist... okay.

Denn du bist keine Maschine.

Du bist Mensch. Mit Emotionen. Mit Triggern.

Mit einem Kind, das dich manchmal mehr testet als deine Nervenleitungen erlauben.

Aber weißt du, was zählt?

Dass du bleibst.

Du musst nicht perfekt sein.

Du musst nur erreichbar sein.

Auch, wenn du gerade nicht mehr weißt, wie's geht.

Auch, wenn dein Kind dich mit Blicken durchbohrt, bei denen selbst Satan sagt:

„Boah... chill mal."

Was DU geleistet hast:

- Du hast dein Kind begleitet – durch Hirnumbau, Hormonchaos und 57 Identitätskrisen.

- Du hast diskutiert, gelacht, geweint, geschwiegen.

- Du hast Türen gehört, die knallten.
  Und trotzdem nie deine eigene Tür abgeschlossen.

- Du hast dich tausendmal gefragt:

  „Bin ich zu streng?"
  „Bin ich zu weich?"
  „Werd ich irgendwann wieder als Mensch wahrgenommen –
  oder bleib ich WLAN-Spender auf zwei Beinen?"

Und trotzdem bist du da. Immer wieder.

Trotz der Fehler.

Oder gerade deswegen.

Denn dein Kind braucht keinen perfekten Elternteil.

Es braucht einen echten.

Jemanden, der mal verkackt – aber sich trotzdem wieder hinsetzt.

Der auch mal sagt:

„Sorry. Das war nicht cool von mir."

Und das ist kein Machtverlust.

Das ist Beziehungsgewinn.

Das ist Vorbildsein ohne Maske.

Fazit?

Du wirst nicht alles richtig machen.

Aber du wirst lieben.

Du wirst zuhören.

Du wirst bleiben.

Und das ist – egal, was irgendein Ratgeber sagt – ziemlich verdammt richtig.

Wenn dein Kind wieder spricht. Oder sogar lächelt.

Du hast nicht mehr dran geglaubt.

Du warst dir sicher:

„Ich habe mein Kind verloren. Das da im Kapuzenpulli mit konstantem Gesichtsausdruck ‚WLAN-Störung'... ist nicht mehr mein Kind. Das ist ein düsteres TikTok-Orakel."

Aber dann... passiert es. Ganz unspektakulär.

Keine Engel. Kein Regenbogen. Kein dramatischer Hollywood-Score.

Einfach nur... ein Lächeln.

Kurz.

Seitlich.

Fast aus Versehen.

Du bist irritiert.

„War das ein Zucken?
Oder ein allergischer Reflex?"

„Habe ich mir das eingebildet?
Soll ich was sagen?
NEIN, BLEIB RUHIG! NICHTS TUN!
NICHTS VERÄNDERN! ATME FLACH!"

Und dann kommt vielleicht ein Satz. So was wie:

„Weißt du noch, wie peinlich du damals auf dem Elternabend warst?"

BÄM.
DAS IST KONTAKT!
Natürlich verpackt in Beleidigung, aber das ist Liebe in Teenagerisch.

Du antwortest nicht direkt.
Du bist klug.
Du weißt: Zu schnell reagieren = Gespräch tot.
Du bleibst cool.

„Ach, ich war auf so vielen Elternabenden peinlich. Welcher genau?"

Und dann… grinst dein Kind.
Richtig. Mit Zähnen. Und Augenzucken.

In dem Moment passiert's:
Die Tür, die vorher verriegelt, verrammelt und emotional vermint war –
geht einen Spalt auf.

Nicht mit einem „Mama, ich hab dich lieb" – sondern mit einem:

„Also, bei uns in der Klasse, da ist so ein Typ…"

Boom. Gespräch.
Boom. Vertrauen.
Boom. Hoffnung reloaded.

Du willst jetzt ALLES wissen.
Du willst fragen, reden, auswerten, umarmen.

Aber du weißt: NEIN.
Du darfst NICHT die Tür eintreten, wenn sie gerade mal einen Spalt auf ist.

Also hörst du zu.
Still. Nicken, Lächeln, Weiteratmen.

Vielleicht ein:
„Klingt verrückt – aber auch spannend."

Und dein Kind merkt:
„Aha... man kann reden. Und es tut nicht weh."

💬 *Innerer Monolog bei dir:*

„HOLY SHIT, mein Kind hat mit mir geredet!! Es lebt!
Es ist nicht komplett in seiner Pubertätswolke verloren!
ICH HABE ES NICHT VÖLLIG VERMASSELT!!"
(Und dann holst du dir still ein Stück Schokolade als Auszeichnung.)

Fazit:
Wenn dein Kind wieder spricht oder sogar lächelt – ist das kein Zufall.
Das ist das Ergebnis deiner Geduld.
Deiner Nerven.
Deiner Kunst, da zu sein – auch, wenn du ständig rausgeworfen wurdest.

Und das zählt.

Denn irgendwann kommt vielleicht sogar mal:

„Danke, dass du nicht abgedreht bist, als ich dich so scheiße behandelt hab."

(Du wirst weinen. Und es heimlich aufnehmen. Für dich.)

Was bleibt, wenn der Sturm langsam zieht:
Respekt. Nähe. Und irre viele Geschichten.

Es ist still geworden.
Nicht komplett – nur im Vergleich.
Es fliegen keine Türen mehr.
Nur noch Socken.
(Und selbst das nur, wenn du fragst, ob im Zimmer „jemand gestorben ist oder einfach nur gelüftet werden sollte.")

Dein Kind ist plötzlich... größer.
Ruhiger. Ironischer.
Sozial kompetenter als du in deinem besten Vorstellungsgespräch.

Und du stehst da, mit deinem Kaffee in der Hand,
guckst dein Kind an und denkst:

„Wer bist du – und was hast du mit dem launischen Endgegner vom letzten Jahr gemacht?!"

Aber du merkst:
Der Sturm ist nicht weg.
Er ist nur weitergezogen.
In ihnen. Und in dir auch.

Ihr habt euch beide verändert.
Nicht völlig.
Aber grundlegend.

Du hast gelernt:

- Dass man Dinge aushält, die kein Mensch aushalten sollte (z. B. zehn Tage lang dieselben drei Sätze hören: „Weiß nicht." „Egal." „Lass.")

- Dass Liebe manchmal aussieht wie ein „Bring Chips mit, wenn du eh in die Küche gehst."

- Dass Vertrauen nicht laut kommt – sondern leise bleibt.

- Und dass du als Elternteil nicht da bist, um perfekt zu sein – sondern um nicht zu gehen. Auch wenn du es mal kurz wolltest. Zumindest innerlich. Kurz. Einmal. Nach Island.

Und dein Kind?

Hat auch gelernt.
Nicht, weil du es gesagt hast.
Sondern, weil du es vorgelebt hast.

Du hast gelitten.
Gelächelt.
Durchgeatmet.
Manchmal geheult.
Und trotzdem weitergekocht, gewaschen, genickt, genervt und geliebt.

Was bleibt, ist nicht die perfekte Erziehung.

Nicht das „So machst du's richtig"-Buch, das du eh nie hattest.

Sondern:

- Respekt – weil du durchgehalten hast, ohne deine Würde komplett an der Garderobe abzugeben.
- Nähe – die nicht kitschig ist, sondern echt.
- Und Geschichten.
  Viiiel zu viele Geschichten.
  Zum Lachen.
  Zum Weinen.
  Zum Weitererzählen bei Familienfeiern mit Sekt und Schamröte.

Du wirst später sagen:

„Weißt du noch, als du mich mal drei Tage lang ignoriert hast, weil ich dein Hoodie aus Versehen gewaschen hab?"

Und dein (erwachsenes!) Kind wird sagen:

„Ja. Und trotzdem hast du mich nicht rausgeworfen. Danke."

Fazit?
Du hast es nicht perfekt gemacht.
Aber du hast es gemacht.
Mit Herz.
Mit Hirn.
Mit Humor.
Und mit genug Wahnsinn, um dieses Buch bis hierher zu lesen.

Und das, lieber Leser*in... reicht sowas von aus.

ENDE.

(Stehend klatschen erlaubt. Auch allein im Wohnzimmer.)

Und wenn du dich jemals wieder fragst, ob du versagt hast:
Lies dieses Buch.
Lach.
Und sag dir:

*„Ey… ich habe mit einem wandelnden Hormoncocktail zusammenge-
wohnt – und beide haben's überlebt.

Ich bin eine verdammte Legende."*

Danke, dass du da warst.
Du bist nicht allein.
Warst es nie.

Jetzt gönn dir was.

Zum Beispiel:
Ein stilles Haus.
Für 4 Minuten.
Bis jemand ruft:

„MAMAAAAA – PAPAAAAA – WLAN GEHT NICHT!!"

EXTRAS – Das Eltern-Überlebenspaket für die Pubertät

Checklisten und Notfall-Guides

⬛ Was tun, wenn dein Kind dir fast eine Tür ins Gesicht ballert?

1. **Nicht zurückballern.**
   Auch wenn dein innerer Bruce Willis sich denkt:
   „Ich zeig dir mal ne richtige Tür."
   Atmen. (Dreimal. Oder fünfzehnmal.)

2. **Nicht persönlich nehmen.**
   Das war nicht „gegen dich".
   Das war „gegen die Welt".
   Du bist nur der arme Mensch, der grad zufällig im Flur stand.

3. **Nicht sofort reden wollen.**
   Es bringt nix.
   Jetzt ist nicht die Zeit für Pädagogik.
   Jetzt ist die Zeit für Rückzug, Chips, Tee und innerliche Mantras wie:
   „Ich liebe mein Kind. Ich liebe mein Kind. Ich— atme."

4. **Später leise klopfen.**
   Nicht mit der Keule.
   Nicht mit *„Also DAS geht GAR NICHT!"*
   Sondern eher mit:
   „Ey, du warst wütend. Okay. Ich steh noch.
   Wenn du reden willst – ich bin da. Wenn nicht: auch okay."

📱 10 Dinge, die du tun kannst, wenn's eskaliert (und du keinen Bock auf Familientherapie im Wohnzimmer hast):

1. **Handy weglegen.** Ja, deines auch.

2. **Nicht in der gleichen Lautstärke antworten.**
   (Du bist kein Echo. Du bist Erwachsen.)

3. **Wasser trinken. (Am besten beide.)**

4. **Frische Luft hilft. (Auch wenn sie pubertär riecht.)**

5. **Humor hilft. (Manchmal. Mit Vorsicht.)**

6. **„Ich bin da, wenn du willst" – sagen, dann *wirklich* da sein.**

7. **Eigene Trigger erkennen.**
   (Spoiler: das mit dem Respekt triggert alle.)

8. **Sich selbst NICHT in Frage stellen.**
   (Nur weil dein Kind schreit, bist du nicht schlecht.)

9. **Kurze Pause einbauen – auch für dich. (WC-Besuch zählt.)**

10. **Am nächsten Tag: vorsichtig ansprechen. Nicht totschweigen. Nicht tot diskutieren.**

🖊 Emergency-Rettungssätze:

- *„Ich glaub, das war grad heftig. Lass uns später nochmal reden, wenn du willst."*

- *„Ich seh, dir geht es gerade richtig mies. Ich will dir nicht im Weg stehen – aber auch nicht wegrennen."*

- *„Ich halt das mit dir aus – auch wenn du mich grad hasst."*

Fazit:
Du brauchst keine Superkräfte.

Aber manchmal hilft ein kleiner Zettel an der Kühlschranktür mit dem Satz:

„Nicht zurückschreien. Erst atmen. Dann denken. Dann lachen. Vielleicht."

Originalstimmen von Eltern und Teens

„Ich verstehe mein Kind nicht. Aber ich liebe es. Lautlos."
– Mutter, 47, nach drei Tagen Funkstille im selben Haushalt.

Es gibt keine Gebrauchsanweisung für Teenager.
Nur den stillen Versuch, sie irgendwie zusammenzusetzen, während sie sich selbst noch jeden Tag neu erfinden.
Und dabei, ganz nebenbei, die Tür zuknallen.

„Wenn er schreit, seh ich mich. Und das ist das Schlimmste und das Beruhigendste zugleich."
– Vater, 44

„Mein Teenie meinte: ‚Du bist echt cringe.' Ich hab geantwortet: ‚Ich bin nicht cringe. Ich bin stabil peinlich.' Jetzt lachen wir manchmal zusammen. Also... manchmal."
– Alleinerziehende Mutter, 39

„Ich weiß nicht, wer ich bin. Aber ich weiß genau, dass ihr's noch weniger wisst."
– 15-jähriger Teen, in einem seltenen Moment zwischen Trotz und Klarheit.

„Warum soll ich mit euch über Gefühle reden, wenn ihr meine Pizza nicht mal schneidet, wie ich's will?!"
– 13, hungrig und hochphilosophisch.

„Ich hab nicht geweint, weil ich traurig war. Ich war einfach leer. Ich wollte, dass jemand merkt, dass ich da bin."
– 16, leise ausgesprochen, unter der Decke, mitten in der Nacht.

„Manchmal wünsche ich mir, mein Vater würde nicht so viel erklären, sondern einfach mal zuhören."
– Teenager, 14

„Meine Tochter hat mich angeschrien, ich sei die schlechteste Mutter der Welt. Fünf Minuten später lag sie bei mir auf dem Sofa und hat mir ein Meme gezeigt. Ich glaube, das war eine Entschuldigung."
– Mutter, 42

„Ich liebe meine Eltern. Auch wenn sie alles falsch machen. Aber sie bleiben. Und das zählt."
– 17, aufgeschrieben in ein Tagebuch, das später zufällig offen lag.

Diese Stimmen sagen mehr als jede Theorie.
Sie sind ein Reminder:
Wir sind alle drin – im Chaos.
Keiner hat den Plan.
Aber viele haben Herz. Und Geduld.
Und manchmal auch einen guten Witz, genau zur richtigen Zeit.

Challenge #1: „Ein Tag ohne Vorwürfe"

Spoiler:
Schaffst du nicht. Aber du kannst es versuchen. Und es wird legendär.

Regeln:
Du darfst 24 Stunden lang NICHT mit einem Vorwurf antworten.

Weder passiv-aggressiv:
„Ach, DU räumst dann später auf? Cool, spannend."

noch subtil giftig:
„Ich find's super, wie du Verantwortung lebst..."

noch mit der legendären elterlichen Meisterdisziplin:
der enttäuschten Augenbraue.

Beispiel:

Teen:
„Ich hab vergessen, das Geschirr in die Spülmaschine zu räumen."

Du (normalerweise):
„Ach, wirklich? Ist es auf magische Weise ins Regal gesprungen? War Harry Potter da?"

Du (Challenge-Modus):
„Okay, danke fürs Bescheid sagen. Dann mach's bitte jetzt."

Schwerer als es klingt. Du wirst schwitzen. Du wirst innerlich schreien.

Aber: Du wirst überleben.
Und vielleicht – ganz vielleicht – antwortet dein Kind mit sowas wie:

„Krass... du bist heute voll nett?!"
(Sofort aufschreiben. Fürs Tagebuch. Für später. Fürs Memoiren-Cover.)

Challenge #2: „Nur eine Frage – ohne Ratschlag"

Du darfst heute nur eine Frage stellen –

OHNE gleich eine Lösung, einen Tipp, eine Moral oder eine 25-minütige TED-Talk-artige Predigt hinterherzuschieben.

Beispiel:

Teen:
„Ich hab keine Lust auf Schule."

Du:
„Okay... was genau macht's grad schwer für dich?"

‼ STOP‼

Jetzt: Klappe halten.

Nicht:

„Also damals, als ich…"

Nicht:

„Du musst halt durchziehen."

Einfach nur zuhören.
Es wirkt. Auch wenn sie's nicht zugeben.

Challenge #3: „Ich zähle innerlich bis 5, bevor ich antworte."

Klingt simpel. Ist aber Hardcore.

Wenn dein Kind zickt, diskutiert, oder dir emotional den Mittelfinger auf dem Silbertablett reicht:

Dein Hirn will sofort losschlagen.
Dein Mund ist bereit für Runde 1: Konter-Modus aktiviert.

Aber DU......zählst.
Langsam.

Eins... zwei... drei... vier... fünf...
Dann atmest du.

Und dann sagst du:
„Okay. Ich brauch kurz. Dann reden wir."

BÄM. Du hast die Macht. Nicht dein Adrenalin.

Und im besten Fall... kommt das Gespräch ohne Türenknall.

Mini-Übung für zwischendurch (für dich, nicht fürs Kind):

Schreib heute mal heimlich auf, was du an deinem Kind magst.
Nicht, was du erwartest – sondern was da ist.

Vielleicht nur ein Blick. Oder ein Satz. Oder dass es dich trotz allem immer noch „Mama" oder „Papa" nennt.

Lies es dir später durch.

Und dann sag dir:
„Ich habe nicht alles im Griff. Aber ich habe ein Kind, das in meiner Nähe bleibt – auch wenn's kracht."

Fazit:

Diese Challenges machen dich nicht zum perfekten Elternteil. Aber sie machen sichtbar, wie viel Power in kleinen Momenten steckt. Und dass du – mitten im ganzen Zoff – trotzdem Verbindung schaffen kannst.

Mit Humor. Und ein bisschen Wahnsinn.

Notizseiten mit Fragen zum Reflektieren

📝 **„Wann habe ich das letzte Mal einfach nur zugehört?"**

Ohne zu analysieren.
Ohne direkt Lösungen parat zu haben.

Ohne das Gespräch heimlich als Gelegenheit zu sehen, endlich was „Wichtiges loszuwerden".

Einfach nur da gewesen.
Still.
Verlässlich.

Nicht, um was zu erreichen. Sondern weil da jemand ist, der dich braucht – auch wenn er*sie es nicht zugibt.

📝 **„Was wünsche ich mir von meinem Kind –
und was braucht es wirklich von mir?"**

Klar, du willst Respekt. Ruhe. Ordnung. Vielleicht eine saubere Küche.

Aber was braucht dein Kind?

- Freiraum? Vertrauen?
- Ein Elternteil, das nicht perfekt ist – aber nie verschwindet?

Spoiler:
Oft ist das nicht das Gleiche.
Aber es darf koexistieren.

📝 **„Was hat mein Kind mir heute gezeigt –
auch wenn es nichts gesagt hat?"**

War da ein Lächeln?
Ein leiser Satz?
Ein leerer Geschirrspüler, einfach so?
Ein Blick auf dem Weg zur Tür?

Nicht alles, was zählt, wird laut ausgesprochen.
Manches flüstert.
Und du musst nur hinhören.

📝 **„Wann habe ich zuletzt über mich selbst gelacht –
mitten im Erziehungswahnsinn?"**

Weil du was total Banales falsch verstanden hast.
Weil du versucht hast, Jugendsprache zu benutzen und „No Cap" gesagt
hast, obwohl du eigentlich nur „Ja" meintest.
Weil du gemerkt hast:
Ich nehme das alles viel zu ernst – und darf auch mal stolpern.

📝 **„Wofür bin ich meinem Kind dankbar –
auch jetzt, in dieser anstrengenden Zeit?"**

Fürs Wachsen. Fürs Spiegel-Sein. Für die ehrlichen Kämpfe.
Für das Herausfordern deiner Komfortzone. Und vielleicht – ganz leise –
dafür, dass es dich zwingt, ein Mensch zu sein.
Kein Eltern-Roboter.

📝 **„Was würde ich meinem früheren Ich sagen –
das da saß, mit Baby im Arm und null Ahnung vom späteren
Drama?"**

Wahrscheinlich sowas wie:

*„Du wirst es nicht perfekt machen. Aber du wirst es mit Herz machen.
Du wirst fluchen, lachen, weinen – aber du wirst nie aufgeben.
Und das reicht. Wirklich."*

Diese Notizen gehören dir.
Nimm sie mit.
In Gedanken. Auf Papier. Auf 'nem Kaffeedeckel.

Denn zwischen „Mach bitte dein Zimmer" und „Ich bin gleich wieder da"
liegt so viel Liebe – dass es manchmal reicht, sich selber das einfach mal
in Ruhe klarzumachen.

Damit ist das Buch (fast) zu Ende.

Nicht dein Weg. Nicht dein Wahnsinn. Nicht dein Humor.
Aber das hier:
Das war dein Beweis, dass du das Unmögliche geschafft hast:
Eltern sein.
Mitten im Sturm.

Du bist nicht perfekt.
Aber du bist da.
Und das macht den Unterschied.

Ende. Oder besser:
Neuanfang….
mit Lächeln, Augenringen und einem verdammt guten Buch im Regal.

Epilog

Danke für alles. Auch für nichts. Vor allem aber: für's Durchhalten.

Also.
Du hast's gelesen. Du hast's durchlebt.
Du hast gelacht. Vielleicht geweint.
Vielleicht kurz Google nach „Internat in Norwegen" gefragt.

Aber hey:
Du bist noch hier. Nicht aus Zucker. Nicht aus Stahl.
Sondern mit Nerven. Die zwar angeknackst sind, aber sich jeden Tag aufs Neue denken:

„Okay, noch ein bisschen. Und dann Schokolade. Oder Schnaps. Oder beides. "

Du hast Pubertät überstanden.
Na ja – zumindest eine Runde.
Denn Spoiler: Das Ding kommt in Wellen.
Wie schlechte 90er-Jahre-Moden:
Plötzlich ist's wieder da.
Stärker. Lauter. Und dieses Mal mit Glitzerwut.

Aber weißt du was?

Du bist jetzt ausgebildet.
Du bist zertifiziert.
Du bist hochgradig immun gegen dramatische Blicke, Augenrollen und den Satz:
„Du verstehst mich eh nicht."

(Doch, Kind. Ich versteh dich. Ich WAR du. Nur ohne WLAN und ohne Filter.)

Vielleicht hat dir dieses Buch keine Erleuchtung gebracht.
Keine Lösung.
Keine garantierte Teenager-Bedienungsanleitung.

Aber wenn du irgendwann im Flur stehst, die dritte leere Chips-Tüte aufhebst, und dein Kind murmelt:

„Was gibt's zu essen?"

...und du nicht direkt „meine Geduld" antwortest – dann hast du gewonnen.

Du bist nicht die perfekte Mutter.
Nicht der ideale Vater.
Nicht der Eltern-Coach des Jahres.

Aber du bist da.
Mit Herz, mit Fehlern, mit Humor.
Und manchmal reicht das nicht nur.
Manchmal ist das einfach alles.

Denn irgendwann – und du wirst es nicht glauben – kommt dein Kind zu dir.
Nicht wütend. Nicht schimpfend. Sondern... erwachsen.
Oder zumindest so halb.

Und sagt sowas wie:

„Weißt du noch früher...?
Du warst komplett irre. Aber irgendwie auch echt cool."

(Und dann gehst du in die Küche, setzt dich auf den Stuhl, und weinst heimlich in deinen Kaffee. Vor Rührung. Vor Erleichterung.
Und weil... der Sturm echt war. Und die Ruhe danach noch echter.)

Also danke, dass du mitgelaufen bist.
Mitgelesen hast.
Und mitgelitten.

Und danke an die Pubertät – für die Erkenntnis, dass Liebe manchmal wie ein Boxkampf ist, nur mit weniger Regeln und mehr Chips auf dem Boden.

Und wenn dich wieder jemand fragt:

„Wie war das eigentlich mit deinem Kind in der Pubertät?"

Sag einfach:

„Legendär.
Schmerzhaft.
Und eine verdammte Meisterleistung.
Von uns beiden."

Nachwort des Autors

Ich habe dieses Buch <u>nicht</u> geschrieben, weil ich ein Erziehungsratgeber sein will.
Ich habe es geschrieben, weil ich irgendwann einfach nur dasaß – zwischen leerem Pizzakarton, Wäschekorb und einem seltsam ruhigen Kinderzimmer – und dachte:

„Was zur Hölle ist da gerade passiert?!"

Mein Sohn ist ausgezogen.
Zum Studieren.
Mit einem Koffer, einem Lächeln und einem Blick, der sagte:
„Ich kann das jetzt allein."

Und plötzlich war da diese Stille.
Diese ungewohnte, laute, herzzerreißende Stille.

Nicht mehr:
„Wo ist meine Hose, wo sind neue Socken?!"

Nicht mehr:
„ICH MACH'S GLEICH!"

Nicht mehr Türknallen, Musik-Gewummer oder Diskussionen darüber, ob Frühstück ein Menschenrecht ist.

Nur noch…
eine Rückblende.
Zwölf Staffeln einer Familienserie, live miterlebt.
Mitten im größten Umbauprojekt des menschlichen Seins: der Pubertät.

Und ich?
Ich war Teil davon. Nicht als Statist.
Sondern als Hauptfigur mit Augenringen und Überforderung.
Manchmal Held. Oft Antiheld.

Aber immer da.

All die Sätze in diesem Buch, all die absurden, schmerzhaften, witzigen, sprachlosen, wunderschönen Momente – sie kamen wieder hoch, als er ging.

Ich habe ihn losgelassen.
Mit Schiss im Bauch.
Mit Stolz in der Brust.
Und mit dem Gedanken:

„Du bist erwachsen. Irgendwie. Und ich bin's auch. Vielleicht."
Ich war nicht der perfekte Vater.
Ganz sicher nicht.
Ich habe gebrüllt, geschwiegen, versagt, geliebt, gehofft.
Ich habe gedacht, ich verliere ihn – und dabei ist er genau dann gewachsen.

Und ich auch.

Denn die Pubertät war nicht nur **seine** Zeit des Wandels.
Sie war auch **meine**.

Ich habe dieses Buch geschrieben, weil ich das alles nicht einfach mit einem Umzugskarton beerdigen konnte.
Weil ich lachen und heulen musste.
Weil ich wollte, dass du – ja, genau DU – weißt:

Du bist nicht allein.
Du bist nicht zu schlecht, zu müde oder zu planlos.
Du bist einfach mittendrin.
Und das ist genau richtig.

Wenn du durch diese Seiten gegangen bist – mit Herzklopfen, Tränen in den Augen oder einem Grinsen zwischen zwei Augenrollen – dann war das hier für dich.
Nicht perfekt. Aber echt.

So wie wir Eltern eben sind.

P.S.:

Als ich ihn gehen sah, dachte ich:

„Krass. Du bist groß geworden. Und ich... ich habe das alles überlebt.

Und weißt du was? Ich würde es sofort wieder tun.
Mit mehr Snacks.
Mehr Geduld.
Und denselben verdammten Nerven, die auch dann halten, wenn alles zusammenbricht.“

In Verbundenheit,

Peter Grosche

Mehr vom Autor

Weitere Buchtitel von Peter Grosche finden Sie in jedem gutsortierten Buchhandel, in über 1000 Online-Shops und auf der Autoren-Webseite:

www.PeterGrosche.de

- Kinderbücher:
  Zum Vorlesen und Selberlesen

- Jugendbücher:
  Satire und Krimis

- Für Erwachsene:
  Krimis und Thriller

- Sachbuchbereich:
  Lehrhefte für Keyboard und Klavier

  www.Keyoardlernen.de
  www.Klavierspielen24.de